Heinrich von Sybel

Die deutsche Nation und das Kaiserreich

Eine historischpolitische Abhandlung

Heinrich von Sybel

Die deutsche Nation und das Kaiserreich
Eine historischpolitische Abhandlung

ISBN/EAN: 9783743420465

Hergestellt in Europa, USA, Kanada, Australien, Japan

Cover: Foto ©ninafisch / pixelio.de

Manufactured and distributed by brebook publishing software (www.brebook.com)

Heinrich von Sybel

Die deutsche Nation und das Kaiserreich

Die

Deutsche Nation

und

das Kaiserreich.

Eine historisch-politische Abhandlung

von

Heinrich von Sybel.

Düsseldorf,
Verlagshandlung von Julius Buddeus.
1862.

Inhalt.

Vorwort . . . . Seite	V
Karl der Große	1
Entstehung der deutschen Nation	21
Römisches Kaiserreich deutscher Nation	32
Sturz des Kaiserthums durch die Kirche	57
Nationale Bestrebungen. Wiedererhebung des Kaiserthums	77
Die Oesterreichische Monarchie	96

Die äußere Veranlassung dieser Blätter ist folgende: Im November 1859 hielt ich in der Münchener Akademie der Wissenschaften eine Rede über die neuern Darstellungen der deutschen Kaiserzeit. Ich bemerkte, daß, bei großen Fortschritten in kritischer Forschung und künstlerischer Form, die geistige Ergreifung und Verarbeitung des Stoffes nach politischen und sittlichen Principien noch Vieles zu wünschen übrig lasse, und erörterte zum Beleg dieses Urtheils, wie man noch immer das mittelalterliche Kaiserthum als ächtes Organ und glänzende Vertretung unserer nationalen Interessen schildere, während in Wahrheit das Kaiserthum von Anfang an fortdauernd die Tendenz einer theokratischen Weltherrschaft verfolgt, damit die nationalen Interessen stets beschädigt, und endlich sich selbst den Untergang bereitet habe. In viel höherem Grade als die Mehrzahl der Kaiser habe die besonnene und auf erreichbare Ziele beschränkte Politik König Heinrich I., Herzog Ludolfs und Heinrich des Löwen den nationalen Bedürfnissen entsprochen.

Diese Sätze wurden entwickelt ohne irgend eine Hindeutung auf die Gegenwart, ohne irgend eine Beziehung auf eine politische Doctrin, lediglich nach dem Verlaufe der mittelalterlichen Ereignisse selbst, nach den ausgesprochenen Absichten unserer Kaiser, nach den thatsächlichen Ergebnissen für unsere Monarchie und unser nationales Gedeihn. Die große Thatsache liegt unwiderruflich vor: nachdem unsere Kaiser, seit Karl und Otto den Großen, ohne Ausnahme Pläne einer schrankenlosen Eroberung verfolgt haben, ist unser Kaiserreich nach dreihundertjährigen colossalen Anstrengungen in einer nicht minder colossalen Niederlage zusammengebrochen. Die Gründe eines so entsetzlichen Scheiterns sich klar zu machen, die politischen und sittlichen Mißgriffe aufzudecken, welche den Ruin herbeigeführt haben, schien und scheint mir, auch abgesehn von den Lehren, welche die heutige Politik dort schöpfen mag, die erste Pflicht des Historikers, welcher dem gewaltigen Gegenstande seine Forschung zuwendet, die erste Pflicht der historischen Wissenschaft, wenn sie nicht ihrem hohen sittlichen Amte von vorn herein untreu werden will.

Allerdings verstehe ich, wie manchem braven Manne und wackeren Patrioten eine solche Thätigkeit der geschichtlichen Wissenschaft unerfreulich dünken mag. Es ist wahr, Deutschland war in der Kaiserzeit die leitende Macht in Europa; es wurde nicht mißachtet und mißhandelt wie unter dem Regimente der spätern Habsburger, sondern es hatte mehr als einmal die Herrscherstellung im Welttheil wie in unserm Jahrhundert Frankreich unter Napoleon I. Für die Schöpfer einer solchen Größe entzündet sich leicht die patriotische Neigung, und wer für Deutschlands Größe und Einheit begeistert ist, hört nicht gerne einen Tadel gegen die Kaiser, mit deren Sturze Deutschlands Größe und Einheit auf lange Jahrhunderte zu Grabe ging. Und wer möchte etwas einwenden, wenn sich an der Betrachtung dieser Dinge der frische Abscheu gegen dynastische und provinziale Selbstsucht und die opferwillige Hingebung an die nationale Gesammtpflicht immer neu entzündet? In diesem

Sinne wird kein deutscher Historiker dem Volke die Freude an der Kaiserzeit verkümmern, keiner für die adlichen und fürstlichen Gegner der Ottonen und Salier Partei ergreifen wollen.

Aber etwas Anderes ist es, wenn es sich um die Frage handelt, ob das Kaiserthum die Macht, um derentwillen wir es ehren und lieben, im richtigen Sinne für das Gedeihn unseres Volkes verwerthet, oder ob es durch Uebertreibung und Ueberspannung selbst die Keime des Verderbens gepflanzt hat. Wer von einer sittlichen Weltordnung überzeugt ist — und ich begreife ohne diese Ueberzeugung keine geschichtliche Wissenschaft — der weiß auch, daß die Gewalten und Nationen dieser Erde nicht ohne eignes Verschulden zu Grunde gehn. Gerade dem historischen Standpunkte ist es das dringendste Bedürfniß, dieses Gesetz überall zur Klarheit zu bringen, denn unerträglich und ein voller Widerspruch gegen eine sittliche Ordnung der Dinge wäre der Gedanke, daß das fleckenlos Reine und Große allein durch fremde Willkür und Nichtswürdigkeit zerstört werden könnte. Das nationale Gefühl, welches an einer großen Heldengestalt ungern irgend einen Flecken wahrnimmt, muß sich also sagen, daß es zwar schön ist, für eine große Vergangenheit zu schwärmen, aber doch noch besser, von ihr das Richtige zu lernen. Man lernt jedoch sehr wenig, wenn man sich mit dem Satze begnügt, daß das Kaiserthum wie jedermann in der Welt seine Feinde gehabt, und diesen endlich erlegen sei; man lernt sehr viel, wenn man die weitere Frage prüft, aus welchen Ursachen die Niederlage entsprungen, auf welchen Wegen dieselbe zu vermeiden gewesen wäre.

Um Gedanken dieser Art bewegte sich mein Vortrag, fand vielseitige Zustimmung und erweckte mehrfachen Widerspruch. Mit besonderem Nachdrucke hob man gegen meine Auffassung hervor, daß kein gleichzeitiger Autor mit diesem Urtheil übereinstimme; ich übte, bemerkte ein Recensent, das außerordentliche Verfahren, die gleichzeitigen Quellen vermittelst der von ihnen berichteten Ereignisse zu kritisiren. Ich meine jedoch, daß bei diesem Erstaunen eine leicht erkennbare Verwechselung mit unterläuft. Wenn es darauf ankommt, den materiellen Thatbestand zu ermitteln, so ist der Forscher natürlich an die gleichzeitigen Berichte gewiesen, und nichts ist mißlicher, als aus einer angeblichen Natur der Dinge, oder wie Gfrörer es ausdrückte, nach einer Kunst der politischen Arithmetik, errathen zu wollen, was angeblich geschehn sein müsse. Aber welche Stellung würde der Geschichtschreiber erhalten, wenn er nicht bloß in der Erkenntniß der Thatsachen, sondern auch in der Beurtheilung der Handlungen an die Meinung der Gleichzeitigen gebunden wäre? Wo eine siegende Partei die Berichte ihrer Gegner unterdrückt hat, wäre sie damit auch vor dem Richterstuhl der Geschichte absolvirt; wo der Kampf der Parteien sich in der erhaltenen Literatur fortsetzt, hätte der Geschichtschreiber auf jede eigne Meinung zu verzichten. Er müßte sich hartnäckig das Auge vor der Thatsache verschließen, daß gerade bei den wichtigsten Ereignissen das Urtheil der Menschen in stetem Flusse begriffen ist; in der französischen Revolution dominirt von 1789 bis 1792 die liberale, von da bis 1795 die jacobinische, von da bis 1797 die constitutionelle, von da bis 1799 wieder die jacobinische Ansicht, — und alle diese Metamorphosen wiederholen sich in weiteren Schwingungen in der Folgezeit bis auf den heutigen Tag. Aus welchem dieser Abschnitte soll nun der Historiker das gleichzeitige Urtheil entnehmen? oder will man uns etwa Lamartine's Girondisten, die in jedem Capitel eine andere Parteifarbe reflectiren, für das Ideal geschicht= licher Urtheilskraft ausgeben?

Wie hier die Fülle des Materials den Historiker zu einem selbstständigen Urtheil nöthigt, so thut es umgekehrt in der deutschen Kaiserzeit die Dürftigkeit. Außer den Ur= kunden und den völlig trocknen annalistischen Aufzeichnungen vernehmen wir aus einem halben Jahrhundert nicht leicht mehr als fünf, sechs, zwölf Stimmen, durchgängig aus dem= selben Lebens= und Gesellschaftskreis, die Mehrzahl von augenfällig unbedeutenden oder ungebildeten Personen. Erst mit dem Beginne des großen Streites zwischen Kaiser und Papst wächst einigermaßen die Zahl der Berichterstatter, dann aber gehn sie auch in scharfer Parteiung auseinander, und zwingen damit den Historiker, seine Stellung nicht un= ter sondern über ihnen zu nehmen. Denn offenbar schließt die Nothwendigkeit, eine der streitenden Parteien des Irr= thums zu zeihen, auch die Befugniß in sich, die eine und die andere zu kritisiren: um sich zwischen ihnen entschei= den zu können, muß man für das eigne Urtheil einen un= abhängigen Maaßstab gewonnen haben, der möglicher Weise die Verurtheilung beider herbeiführt. Nur darauf ist zu bestehn, daß dieser Maaßstab selbst durch ein wissenschaft= liches Verfahren gebildet, und nicht aus den Voraussetzungen kirchlicher oder politischer Parteien entnommen werde. Wenn jemand nach seinen religiösen Vorstellungen jeden Papst für eine Erscheinung des Antichrist hält, und danach die mittelalterliche

Geschichte beurtheilt — oder wenn ein Anderer nach seiner politischen Stimmung bei jedem Kaiserbilde devotest erstirbt, und danach unsere Volksgeschichte behandelt: so erkennt jeder sofort das unhistorische Verfahren. Geht man dagegen aus von den Grundsätzen der inductiven Erkenntniß, gewinnt man aus der Summe der einzelnen Thatsachen das Bild ihres Zusammenhangs, ihrer Entwicklung, ihrer Resultate, so muß sich hieraus von selbst das historische Urtheil über jedes Detail ergeben, nach dem ewigen Gesetze der Causalität, daß eine schlechte Wirkung auch eine schlechte Ursache voraussetzt und umgekehrt. Es ist dabei von selbst einleuchtend, daß, um überhaupt von Gut und Schlecht zu reden, gewisse sittliche Grundaxiome als ebenso feststehend und gültig für alle Zeit wie die Grundgesetze der Logik gelten müssen: wer dies aber läugnen wollte, würde überhaupt der Geschichtschreibung sowohl ihren sittlichen Gehalt als auch ihren wissenschaftlichen Charakter entziehn. Auch verträgt sich hiemit vollkommen, daß man bei der Anwendung jener höchsten Axiome die Lage und die Anschauungen jedes Zeitalters respectirt. Man kann die Pflicht der Menschenliebe, des Gemeinsinns, des geistigen Fortschritts für absolut erklären, ohne daß die Rede davon wäre, unsere modernen Begriffe von Schön oder Häßlich, Conservativ oder Liberal, Gebildet oder Ungebildet dem eilften Jahrhundert aufbringen zu wollen. Und noch weniger wird damit bestritten, daß jede Zeit ihre besondern Fähigkeiten und Bedürfnisse, ihre besondern Anschauungen und Maaßstäbe hat, daß also für die Schätzung der einzelnen Menschen dieselbe Handlung heute schwerer und damals leichter wiegen kann. Um so bestimmter aber folgt daraus die Befugniß, ein politisches System, welches die von ihm beherrschten Völker zur Erschöpfung und Anarchie hinführt, ein verderbliches zu nennen, wenn auch alle Klosterchroniken seiner Zeit dafür geschwärmt haben: eben hievon, und von nichts Anderem handelt es sich in unserem Fall — und in der That, ich fürchte jetzt nur, daß der Leser sich über die Ausführlichkeit des Beweises bei einer an sich so klaren Sache beschweren wird.

Auch würden solche und ähnliche Kritiken mich schwerlich zu einer Entgegnung, oder zu einer nähern Ausführung meiner Ansicht veranlaßt haben. Daß ich jetzt zu einer solchen schreite, dazu bestimmt mich die vor einem halben Jahre erschienene Schrift des Hrn. Professor Ficker in Innsbruck: das deutsche Kaiserreich in seinen universalen und nationalen Beziehungen. Zwar nimmt der Verfasser auf meinen Vortrag formell nur in der Vorrede und der Einleitung Beziehung, und versichert in der Vorrede selbst ausdrücklich, daß seine Darstellung in der Hauptsache fertig gewesen ehe ihm die meinige bekannt geworden. Indessen sei dem wie ihm wolle, in der Sache ist das Buch nichts anderes als eine Behandlung der von mir besprochenen Verhältnisse mit diametral entgegengesetztem Resultate; und so wird Ficker sich nicht wundern, wenn ich es unternehme, den früher entwickelten Thatbestand gegen seine Erörterungen aufrecht zu halten. Ich werde deshalb den Verlauf der deutschen Geschichte, während der Kaiserzeit im weitesten Sinne, also von Karl dem Großen bis auf den westfälischen Frieden, in raschem Ueberblicke vergegenwärtigen: auch ohne daß ich allen Windungen der oft mühsamen und verwickelten Schilderung meines Gegners ausdrücklich folge, wird die Reihe der Thatsachen von selbst ergeben, ob sein Lob oder mein Tadel des kaiserlichen Systems berechtigt ist. Schon an dieser Stelle aber muß ich betonen, daß er den Standpunkt meines früheren Vortrags durch mehr als eine grundlose oder willkürliche Insinuation verschiebt. Er behauptet, eine Darstellung wie die meinige "solle dazu dienen, neuesten politischen Bestrebungen eine geschichtliche Stütze zu verleihen"; niemand werde bestreiten, daß sie auf "modernen Anschauungen über die beste Gestaltung des Staates" beruhe, daß sie "an die geschichtlichen Dinge mit einem bereits fertigen Urtheil über die für die Gegenwart wünschenswerthe Entwickelung herantrete", daß sie die mittelalterlichen Dinge unbefugt mit dem Maaßstab des modernen Nationalitätsprincips messe. Auf alle diese schönen Dinge kann ich nur erwiedern, daß daran kein wahres Wort ist, daß in meinem Vortrage keine darauf entfernt hindeutende Sylbe vorkommt, daß auch Ficker ihm nichts derartiges nachweist, sondern es ihm mit freier Einbildung imputirt. Nicht von dem modernen Nationalitätsprincip, sondern von den Interessen und dem Gedeihn der deutschen Nation habe ich geredet. Der Unterschied, sollte ich denken, wäre mit Händen zu greifen. Nirgendwo habe ich das Kaiserthum deshalb getadelt, weil es fremdredende Menschen unter seine Hoheit gebeugt, oder weil es die Macht der Deutschen über jene der anderen Völker erhöht habe. Vielmehr habe ich seine Eroberungspolitik deshalb verurtheilt, weil sie eine maaßlose und unverständige gewesen, weil sein weltumfassendes Princip nothwendig den Ruin der Heimath und des heimischen Staates in sich getragen. Was in aller Welt hat der Satz, daß jede übertriebene Ehrsucht ihren

Träger beschädigt, daß jeder Regent die Wohlfahrt seines Volkes höher als unfruchtbare Lorbeeren achten soll, was in aller Welt hat er mit der Theorie vom besten Staate, oder mit der Annexion Neapels oder den Forderungen unserer deutschen Einheitspartei zu schaffen? Wo lehnt sich die Erörterung, daß Deutschland die kurze Ruhmesglorie mit langem Elend bezahlt hat, daß deshalb die Staatskunst der Kaiser eine mörderische und antinationale gewesen, wo lehnt sie sich an eine specielle politische Doctrin, an ein willkürlich erfundenes Verfassungsschema? Andere Argumente aber als diese, andere Schlüsse als aus der Wirkung auf die Ursache, habe ich an keiner Stelle meines Vortrages gebraucht. Wenn es hundert Mal richtig wäre, was Ficker einwendet, daß im ganzen Mittelalter niemals ein Mensch an das Nationalprincip gedacht, so würde es an meinen Resultaten nicht ein Jota ändern, weil es meine Gründe nicht an einem Punkte berührte. Bei mir handelt es sich schlechterdings nur um die geschichtliche Thatsache, daß jeder große Aufschwung des Kaiserthums nach kürzester Frist mißlungen, daß seine ganze Laufbahn in ein großes Unheil der Nation ausgegangen ist. Ich bin es nicht gewesen, der dabei an eine Voraussetzung aus modernen Zuständen oder eine Nutzanwendung auf moderne Streitfragen gedacht hat — ich nicht, sondern Er.

Er findet nun allerdings, daß das heutige Oesterreich im Wesentlichen die Tendenzen des alten Kaiserreiches darstelle, daß ein ungünstiges Urtheil über das letztere auch das erstere berühre, und mithin für die großdeutsche Partei ebenso widerwärtig wie Wasser auf der Mühle der kleindeutschen sei. Sein ausführliches Schlußcapitel redet also nicht vom deutschen Reiche, sondern von der deutschen Frage. Er erörtert, daß die österreichische Monarchie die ächte Incarnation des „germanischen Staatsgedankens", der Autonomie und Freiheit sei; er findet, daß Preußen unangenehm viel slavisches Wesen, Centralisation und Unfreiheit in sich habe; es bemerkt mit evidenter Richtigkeit, die deutsche Einheit würde sehr viel einfacher herzustellen sein, wenn die österreichische Macht nicht auch mit diesem leidigen Preußen, sondern nur mit den Mittel- und Kleinstaaten zu thun hätte. So sind wir denn inmitten der brennenden Tagesfragen, und begreifen nun auch den Grund des Eifers, mit welchem unsere akademische Studie schlechterdings zum Erzeugniß Bennigsen'schen oder Cavour'schen Parteitreibens gestempelt und damit jeder wissenschaftlichen Bedeutung von vorn herein beraubt werden sollte. Aber wie gesagt, ich muß und ich kann diese Erschleichung unbedingt zurückweisen. Nicht weil ich mich zu den Ansichten der nationalen Partei bekenne, suche ich das alte Kaiserreich herabzusetzen — sondern umgekehrt: weil mir alle Vergangenheit die kaiserliche Politik als das Grab unserer Nationalwohlfahrt gezeigt hat, ziehe ich das „kleine Deutschland" von 35 Millionen dem großen „Deutsch-Ungarn-Slavenlande" von siebenzig vor.

Uebrigens, so wenig ich eine solche Polemik gesucht habe, nachdem Hr. Ficker einmal auf das politische Gebiet hinüber getreten ist, so habe ich durchaus nichts einzuwenden, ihm dort wie auf dem historischen zu folgen, und dort wie hier ihm darzuthun, daß meine Auffassung weder seine Hiebe noch selbst seine Stiche zu fürchten hat. Was die Sache betrifft, so kann es für unsere Wissenschaft und unsere Politik nur heilsam sein, wenn eine eingehende Discussion über das Verhältniß unserer Gegenwart zu unserer Vergangenheit gepflogen wird. Es wäre ein großer Fortschritt unserer politischen Parteien, wenn sie auf historische Begründung ihrer Tendenzen ausgingen und Stolz und Hoffnung darin setzten, daß ihr Streben die Fortsetzung einer großen Vergangenheit in sich schlösse. Es wäre kein geringeres Verdienst unserer geschichtlichen Wissenschaft, wenn sie nicht bloß mit ästhetischem Sinne im Glanz und Schimmer unserer Kaiserpfalzen schwelgte, sondern mit politischem Urtheil klar stellte, welche Punkte der Vergangenheit die fortschreitende Bewegung der Nation bezeichnen, an welche demnach auch die Gegenwart zu wahrem Fortschritt anzuknüpfen hätte. Ich weiß sehr wohl, daß die Wissenschaft nicht bloß zum Dienste der Politik geschaffen ist, aber wenn sie in ruhiger Einsamkeit ihre Schätze gesammelt hat, soll sie sich nicht zu gut halten, ihren Reichthum als fruchtbringendes Capital in den Verkehr der Menschen, in den Verkehr des Vaterlandes zu werfen.

In diesem Sinne mache ich nach meinen Kräften den Versuch, eine wichtige Frage unserer Volksgeschichte zu behandeln. Ich strebe nicht danach, neue Thatsachen zu entdecken oder neues Wissen an den Markt zu bringen. Im Gegentheil, ich wünschte, daß das, was ich erzähle, Allen als altbekannt und längst bewiesen, und damit als sicheres Fundament für die politische Folgerung erschiene. Ich suche den ganzen Verlauf unserer Geschichte zu überblicken, allerdings nur in der einen Beziehung zu den Leistungen unserer kaiserlichen Herrscher. Wenn sich daraus am Schlusse die Folgerung ergibt, daß keine andere Verfassungsform historische Berechtigung hat, als jene des engern Bundes neben Oesterreich und des weitern Bundes mit Oesterreich, so werde ich auch dort nur das gegenseitige Verhältniß Deutschlands zu dem Donaureiche erörtern, und auf die Frage der innern Organisation des engern Bundes nicht näher eingehn. Um aber über meinen eignen Standpunkt in keiner Beziehung einen Zweifel zu lassen, will ich darüber hier die Ueberzeugung aussprechen: daß es so sicher wie die Ströme seewärts fließen, zu einem solchen Bunde unter Leitung seines stärksten Mitgliedes kommen wird, daß es lediglich Sache der deutschen Fürsten ist, die Bewegung durch eingehende Leitung in dem Wege der Reform zu halten oder sie durch stumpfen Widerstand in die Bahn der Revolution zu werfen, daß in jenem Falle die künftige Centralgewalt föderalistisch eingeschränkt und collegialisch ausgeübt werden mag, in diesem aber der demokratische Einheitsstaat und der Cäsarismus das nothwendige Ende sein wird.

Es sind die Freunde unserer staatlichen Mannichfaltigkeit und die Anhänger unserer fürstlichen Dynastien, welche zur Bundesreform rathen.

Bonn, November 1861.

Karl der Große.

Die Deutschen erscheinen bei ihrem ersten Auftreten in der Geschichte als eine lockere und höchst bewegliche Masse vereinzelter kleiner Völkerschaften, die nur ein schwaches Bewußtsein von ihrer Eigenartigkeit und Zusammengehörigkeit, von ihrer Nationalität haben. Es fehlt nicht ganz: die Fürsten verschiedener Stämme führen ihre Abkunft auf dieselben Götter zurück, man hört zu verschiedenen Zeiten den Ausdruck nationaler Ueberlegenheit gegenüber den Galliern oder den Römern — aber es ist bei Weitem nicht stark genug, um feste Einrichtungen zu erzeugen oder innere Kriege unmöglich zu machen. Kaum hat Armin die Römer im Teutoburger Walde geschlagen, so wendet er sich zum Kampfe gegen den Marcomannen Marbod. Die Franken hadern mit den Alamannen, die Gothen mit den Vandalen, die Gepiden mit den Longobarden: ein jeder dieser unbändigen Stämme, ein jeder ihrer Fürsten ist bereit, aus der gemeinsamen Heimath sich abzulösen, fremden Dienst, wenn er Ruhm und Beute verheißt, auf sich zu nehmen, mit ausländischen Genossen zu neuen gemischten Gemeinwesen sich zu verbinden. So schwach das nationale Gemeingefühl, so stark ist der Sinn für die nächste Genossenschaft. Die Mitglieder des Stammes betrachten sich als Sippen eines Blutes, die Mitglieder eines Gefolges hangen auf Tod und Leben an ihrem Haupte. Aber alle weiteren Verbände sind lose, wie zufällig, in hundert Fällen nur vorübergehend.

Auf der andern Seite tritt nicht minder deutlich als diese Abwesenheit des Nationalbewußtseins die größte Gleichartigkeit der nationalen Substanz hervor. Von diesen Menschen, die so geringen Trieb zur politischen Einheit haben, ist Einer wie der

Andere beschaffen; die Stämme des Nordens und des Südens, die Häuptlinge des ersten und des vierten Jahrhunderts sind sich zum Verwechseln ähnlich. Diese unterschiedlose Gleichartigkeit setzt sich weit in die Folgezeit fort; bei der Berührung mit den Römern zeigen sich Einige etwas roher, heftiger, gewaltsamer, Andere etwas rascher empfänglich für Staatswesen und Cultur; im Kern und Wesen aber sind es überall dieselben Leidenschaften, dieselben Neigungen, dieselben Charakterzüge, welche höchstens graduell abgestuft bei den verschiedenen Stämmen zum Vorschein kommen. Niemals in späterer Zeit ist Deutschland so arm an individueller Mannichfaltigkeit gewesen: natürlich genug, denn erst auf dem Boden einer mannichfaltigen Cultur werden die individuellen Anlagen und Neigungen in ihrer feineren Nuancirung entwickelt und verdichtet. So ist überall in Germanien in jener Urzeit im Wesentlichen der gleiche Götterglaube, die gleiche Rechtsentwicklung, das gleiche Verfassungsleben, die gleiche Kriegs- und Wanderlust, die gleiche Erregbarkeit und Bildungsfähigkeit. In hundert Fällen sieht man, daß Theile verschiedener Stämme auf das Leichteste sich mischen, und neue Gruppen bilden, welche dann freilich wieder eben so leicht einem weiteren Scheidungs- und Mischungsproceß verfallen.

Es ist deutlich, daß diese lebenstrotzende, bildsame, empfängliche Völkermasse allen Eindrücken der Zukunft gleich offen war. Nach den Umständen konnte sie in tausend Atome zerstäuben, oder zu einer festgeschlossenen Nationalität heranwachsen, oder in neuer Mischung mit andern Nationen ihren Bildungsweg suchen.

Es geschah, daß sie mit dem römischen Weltreiche und der christlichen Weltkirche in Kampf und Verbindung trat, und daß dieses Verhältniß die Grundlage der europäischen Zukunft wurde. Die Deutschen gewannen Eingang und Herrschaft in allen Provinzen des weströmischen Reiches und nahmen zugleich den christlichen Glauben und eine Menge römischer Staats- und Culturelemente in ihr Leben auf. Eine Weile schien es, als würde in dieser großen Gährung die Nation sich völlig zersetzen. Sachsen, Thüringer, Schwaben, Bayern blieben, fast unberührt von den fremden Einflüssen, in der Heimath zurück, während andere zahlreiche Stämme sich von dem vaterländischen Boden gänzlich abgelöst hatten, und in Gallien und Italien, in Spanien und Africa inmitten der unterworfenen romanischen Bevölkerung sich vollständig romanisirten. Hiebei aber durfte es sein Bewenden nicht haben, wenn in der Folgezeit unter den Culturvölkern Europa's eine deutsche Nation sich finden sollte. Die Ostgothen in Italien, die Burgunder in Gallien, die Westgothen in Spanien, hatten dort auf römischem Boden eine ergiebige Bildungsschule gefunden, waren aber dem Verbande der heimischen Nationalität völlig verloren gegangen. Die Sachsen, Thüringer, Bayern hatten germanisches Wesen fast unverändert bewahrt, waren aber den bildenden Einflüssen der antiken und christlichen Welt so gut wie unzugänglich geblieben. Bei dieser Lage der Dinge war es ohne Zweifel ein Ereigniß von wahrhaft providentieller Bedeutung, daß die Franken, deren Könige auf gallischem Boden ein starkes Reich gegründet, deren Volksmasse in Belgien und Rheinland fast ohne Mischung deutsch geblieben, nach beiden Seiten vorwärts bringend, bis zum Ende des 6. Jahrhunderts sich hier ganz Mittel- und Süddeutschland, dort alle gallischen Provinzen bis zu den Alpen und Pyrenäen unterwarfen. Gallien war eine der bestcultivirten Provinzen des römischen Kaiserthums gewesen: seine Masse war groß genug, um alle Theile des fränkischen Reiches mit den Ergebnissen dieser Cultur zu durchdringen, während die deutschen Provinzen der Merowinger ansehnlich genug waren, inmitten dieser Einflüsse ihre Nationalität zu bewahren. Daß übrigens dieses Reich in seinem damaligen Umfang schwerlich auf bleibenden Bestand würde rechnen können, zeigte sich schon im ersten Jahrhundert seiner Existenz. Bretagne und Aquitanien auf der einen, Bayern und Schwaben auf der andern Seite, machten stets wiederholte Versuche, sich der fränkischen Oberhoheit zu entziehen, und sehr frühe zeigte sich unter dem herrschenden Volke selbst ein innerer Gegensatz zwischen einer östlichen und westlichen, einer vorwiegend germanischen und vorwiegend romanischen Hälfte. Es war ein Uebergangszustand, wohlthätig und unerläßlich, um die Romanen mit frischem deutschem

Blute und die Deutschen mit dem Unterricht römischer Bildung zu befruchten, dann aber zu baldiger Auflösung bestimmt, damit jedes eigenartige Leben seine besondere Entwicklung fände.

Ehe es jedoch so weit kam, trat eine besondere, für die ganze Zukunft verhängnißschwere Wendung dazwischen.

Gegen Ende des 7. Jahrhunderts war die Monarchie der Merowinger in tiefem Verfall. Die Krone war ohnmächtig gegenüber einer starken weltlichen und geistlichen Aristokratie, die fränkischen Provinzen haderten untereinander, die unterworfenen Stämme setzten sich in feindselige Selbstständigkeit. Die Weltlage aber war damals eine solche, daß für den Moment dieser Verfall eine ungeheure Gefahr für die Errungenschaft des bisherigen Culturlebens in sich schloß. Jene Summe der römisch-christlichen und fränkisch-deutschen Entwicklung, welche das Reich der Merowinger in sich darstellte und beschützte, war durch eine doppelte Feindseligkeit mit völliger Ueberfluthung bedroht. Auf der einen Seite rührten sich die heidnisch gebliebenen Stämme Norddeutschlands, die Sachsen und Friesen, von scandinavischem Nachschub unterstützt. Noch gewaltiger aber brausten von Süden die Wogen der muhamedanischen Eroberung heran, Spanien völlig bedeckend, über die Pyrenäen hinüber sich nach Südgallien ergießend. Wenn das morsch gewordene Frankenreich diesem doppelten Anfalle unterlag, so theilte sich das Heidenthum und der Islam in die Zukunft Europa's. Glücklicher Weise erhob sich unter diesen Stürmen in den rheinisch-belgischen Landen das Heldengeschlecht der Karolinger. Nachdem die ersten Pippine die Franken wieder geeinigt, schlug Karl Martell den Angriff der Araber mit vernichtender Energie für alle Zeiten zu Boden, überwältigte gleich nachher die Friesen, und warf die Sachsen in eine ungefährliche Defensive zurück. Darauf mußte auch Süddeutschland sich der fränkischen Hoheit wieder fügen; die Monarchie war auf das Glänzendste hergestellt, und der Sohn des Martell, der jüngere Pippin, konnte mit gutem Fug sich die erneuerte Krone auf das eigene siegreiche Haupt drücken.

Dabei aber blieb man nicht stehen. Man fühlte sich stark, nach jeder Hinsicht im Wachsen und Vorankommen. Der einst so gefährliche Gegner, das arabische Chalifat, begann sich im Innern zu spalten und einem reißenden Verfall entgegen zu gehn. Dem deutschen Heidenthum trat neben den fränkischen Waffen die christliche Mission mit erfolgreicher Kraft entgegen, jetzt von dem päpstlichen Stuhle aus in systematischer Einheit geleitet, und in richtiger Erkenntniß der beiderseitigen Interessen zu engem Anschluß an die fränkische Politik gewiesen. Von solchen Verhältnissen getragen, blieb Pippin's Nachfolger, Karl der Große, im gewaltigsten Aufschwung. Er brachte die überlieferte Aufgabe des fränkischen Reiches zur Vollendung, indem er in mehr als dreißigjährigem Kampfe den deutschen Norden seiner Herrschaft unterwarf. Er schritt dann mächtig über die bisherigen Linien hinaus, indem er die Slaven bis zur Oder, im Süden aber ganz Italien und ein Drittel von Spanien seiner Krone dienstbar machte. Es war eine colossale Machtanhäufung, welche alle Lande Europa's von Apulien bis Schleswig, von dem Ebro bis zur Raab umfaßte. Bei solchen Besitzungen, deren Mittel ihrem Inhaber schlechthin unbegränzte Aussichten eröffneten, dünkte Karl der alte Titel des „Königs der Franken, des erlauchten Mannes" nicht mehr seiner Würde entsprechend. Indem er nach Weiterem ausblickte, boten sich in den Verhältnissen vor Allem zwei Momente, welche seine Wahl bestimmten.

Das eine war die Erinnerung an das alte römische Kaiserreich, welches von Augustus bis Theodosius den Deutschen wie den Römern selbst als das ächte imperium orbis terrarum, als die wirkliche Herrschaft über den Erdkreis gegolten hatte. Es war in den byzantinischen Osten und den lateinischen Westen getheilt worden: Karl hatte den größten Theil des westlichen Reiches thatsächlich inne; es lag nahe, sich auch der Form nach als den Erben der alten Imperatoren hinzustellen, damit seiner Macht eine neue Legitimation, und seinen Ansprüchen eine schrankenlose Ausdehnung zu geben. Das Zweite brachte die römische Kirche hinzu. Die Kirche hatte sogleich als Constantin die Taufe nahm und die Staatsgewalt gleich nachher eine christliche wurde, sich den römischen Vorstellungen von dem Imperium des Erdkreises angeschlossen,

Kaiserthum und Kirche hätten zur Verwirklichung des Reiches Gottes auf Erden unaufhörlich zusammen zu wirken, der religiösen Einheit der Welt müsse eine entsprechende politische zur Seite stehen, die Gemeinsamkeit des Glaubens sei die nothwendige Voraussetzung aller Rechtsfähigkeit. Da aber der rechte Glauben berufen war, alle Lande zu erfüllen, so folgte von selbst für den kaiserlichen Schutzherrn der Kirche der Anspruch, den gesammten Erdkreis seinem heiligen Scepter unterworfen zu sehen. Die Hoheit über alle christlichen, die Herbeibringung aller unchristlichen Lande war der bleibende Beruf seines Amtes.

Diese Vorstellungen hatten damals eine weite Verbreitung unter den Völkern; sie zählten insbesondere unter dem Clerus viele und einflußreiche Anhänger. Karl der Große ergriff sie mit der ganzen Kraft seiner Natur; am Weihnachtsabend 799 ließ er sich zu Rom durch die Hand des Papstes mit der kaiserlichen Krone schmücken.

Wir sehn, wie viele Veranlassung zu einem solchen Schritte damals in den Verhältnissen lag. Deutlich ist aber auch, wie tief eingreifend er die bisherige Lage änderte, wie er der ganzen Zukunft Deutschlands und Europa's eine neue Richtung gab.,

Erwägt man insbesondere das deutsche Interesse, so zeigt sich zunächst eine höchst bedeutende Aenderung in dem Machtverhältniß der einzelnen Nationen innerhalb der kaiserlichen Monarchie. Früher hatten im fränkischen Reiche Deutsche und Romanen sich nicht bloß das Gleichgewicht gehalten, sondern das germanische Element hatte ohne Zweifel das Uebergewicht besessen. Jetzt war das Letztere freilich durch den Eintritt der Sachsen vermehrt worden, dagegen war das völlig romanische Italien und Nordspanien, es war außerdem eine Menge slavischer Stämme hinzugetreten. Wenn die Einheit des Reiches Dauer gewann, so war jetzt innerhalb desselben für die Erhaltung deutschen Wesens sehr viel geringere Aussicht als früher.

Sodann erschien eine nicht minder erhebliche Neuerung für das nationale Interesse in dem Wesen der Centralgewalt. Diese hatte bisher keinen andern Titel als die Gewalt der Waffen und die Kraft der gemeinsamen Interessen gehabt; danach konnte, wenn künftig einmal die Interessen auseinandergehen sollten, die Waffe scheiden, was die Waffe zusammengebunden hatte. Die frühere Dynastie selbst hatte ein Staatsrecht ausgebildet, nach welchem jedem Königssohn die Herrscherrechte über einen Theil des väterlichen Gebietes zukamen; es war dies mißlich genug für die Festigkeit des Gesammtstaats, eben deshalb aber auch eine weitere Bürgschaft für die Bewahrung der einzelnen Stammes- und nationalen Unterschiede. Allein mit dem Kaiserthum wurde eine Reichsregierung eingesetzt, welche den principiellen Anspruch hatte, zugleich untheilbar und permanent zu sein, welche keine Selbstständigkeit sich gegenüber auf Erden anerkennen durfte, und jede Auflehnung und jeden Abfall als einen Bruch des weltlichen und des göttlichen Rechtes betrachtete. Wenn wir vorher die Lage der Deutschen im merovingischen Reiche für wohlthätig und nothwendig anerkannten, insofern sie als zeitweiliger Uebergang gelten konnte, so war jetzt ein viel ungünstigeres Verhältniß officiell als definitiv und bleibend proclamirt worden.

Wenn mithin das Kaiserthum in der deutschen Geschichte als ein Fortschritt erscheinen sollte, so müßte es sonst nöthig gewesen sein als ein Schutz gegen dringende Gefahren oder eine Erfüllung realer Bedürfnisse; oder wenigstens, es müßte sein Bestand, der an sich für die nationale Eigenthümlichkeit der Völker eine Gefahr war, den materiellen und geistigen Interessen derselben einen erkennbaren Nutzen gebracht haben.

Man citirt nun in dieser Hinsicht wohl die früher erwähnten auswärtigen Gefahren der Christenheit in Folge des muhamedanischen und des sächsisch-friesischen Angriffs, und wirft gelegentlich auch einen beiläufigen Blick auf die feindselige Haltung des byzantinischen Reiches. Um das Abendland vor all diesen Gegnern zu schirmen, sei, meint man, eine große Dictatur nöthig, und schon hiermit Karls Weltmonarchie ein Segen für Europa gewesen. Indeß hat so eben unser Ueberblick der Thatsachen gezeigt, daß diese Erörterung nichts als ein großer Anachronismus ist. Die byzantinische Gefahr hatte niemals viel auf sich; die arabische und die sächsische wehrte Karl Martell mit den Kräften des einen fränkischen Volkes ab, ohne einer kaiserlichen Universalmacht zu bedürfen. Als sein Enkel zur Kaiserkrönung schritt, war Sachsen unterworfen, das Chalifat im reißenden Sinken, auf der Welt kein Staat vorhanden, welchem die Franken für sich allein nicht überlegen gewesen wären [1]). Eine Nöthigung von Außen war für seine kaiserliche Dictatur nicht vorhanden; ihr Nutzen, wenn ein solcher existirt hat, muß sich auf dem Felde der innern Politik vorfinden.

Ueberblicken wir den weiten Kreis von Karls Eroberungen, so werden wir zunächst auf Norddeutschland geleitet. Schon nach unsern früheren Bemerkungen werden wir in der Unterwerfung Sachsens einen Fortschritt im vollen Sinne des Wortes erkennen. Wie die Dinge einmal lagen, gab es für die Vereinigung aller deutschen Stämme keinen andern, jedenfalls keinen kürzern Weg, als das Hereinziehen aller in die Kreise der fränkischen Macht. Es gab noch weniger ein anderes Mittel, ihnen in bleibender Weise den christlichen Glauben und die antike Cultur zuzuführen. Es gab endlich keine andere Auskunft, bei der sie die Möglichkeit gehabt hätten, eine feste Stellung gegenüber den Slaven und Scandinaviern zu gewinnen. Karl blieb hier völlig in der Bahn einer lange her festgestellten Entwicklung; seine Thaten auf diesem Gebiete haben unzweifelhaft große Nachtheile verhindert, und keinem spätern Fortschritte der deutschen Nationalität den Weg versperrt.

Von seinem rasch verlaufenen und — relativ — wenig folgenreichen Versuche auf Spanien brauchen wir nicht ausführlich zu reden. Desto wichtiger war die zweite Hauptrichtung seiner kriegerischen Thätigkeit, die Unterwerfung Italiens.

---

[1]) Ficker bespricht diese Frage S. 18 bis 23 sehr ausführlich, erwähnt die Byzantiner, schildert die gefährliche Macht des Islam — wenn das Chalifat Bestand hatte, sagt er, so hätte auch die christliche Welt ein Universalreich bilden müssen, um sich zu vertheidigen — dann aber schließt er mit dem Geständniß, daß die Auflösung des Chalifats das Bedürfniß universaler christlicher Staatsbildung weniger nahe gelegt habe, mit andern Worten, daß seine vorausgehende Erörterung bedeutungslos sei. Ein solches Verfahren kommt noch mehrmals bei ihm vor.

Dort schaltete über den größten Theil des Landes seit 568 die Herrschaft der Longobarden. Lange Zeit hatten sie als deutsche und arianische Colonie im Lande gesessen, dann waren sie katholisch und romanisch geworden, und in raschem Verlaufe mit den Provinzialen völlig verschmolzen. Bei ihrem Eindringen hatten die Byzantiner die Küstenstriche im Westen, Süden und Osten der Halbinsel behauptet; es war dann im longobardischen Reiche zwischen einzelnen kräftigen Regierungen wiederholt eine Zeit innerer Verwirrung und Anarchie gefolgt, und die Longobarden waren nicht im Stande gewesen, durch völlige Verdrängung der Byzantiner die Halbinsel unter ihrem Regimente zu vereinigen. Ein solcher Zustand hatte für die innere Ordnung und den nationalen Character die übelsten Folgen, da die Waffen und Umtriebe der beiden feindlichen Regierungen unaufhörlich in das Innere des Nachbarstaates hineingriffen, und es nie zu einer festen Consolidirung der Verhältnisse kommen ließen. Eben aber im 8. Jahrhundert faßte der heldenkühne König Liudprand die Kraft der Longobarden mit fester Hand zusammen, und entwickelte von Stund an eine solche Ueberlegenheit über die Byzantiner, daß ohne fremde Intervention an der völligen Austreibung derselben und der politischen Vereinigung der Halbinsel kein Zweifel möglich war. Um die Bedeutung dieser Aussicht zu ermessen, muß man sich erinnern, daß wir hier gerade im Beginne der modernen italienischen Geschichte stehn, daß bis dahin die italische Bevölkerung unter römischer und gothischer Herrschaft sich stets einmüthig, gesetzlich, geordnet erwiesen hatte, daß die spätere Ungebundenheit und Unstätigkeit des Nationalcharakters, die so vieler Tyrannei zu Grund und Vorwand hat dienen müssen, gerade erst aus den Ereignissen und Zuständen entsprang, deren Ursprünge wir hier in das Auge fassen. Damals lag nicht das geringste Symptom vor, aus welchem man, falls Liudprand sein Ziel erreichte, der italienischen Nation die Unfähigkeit zur Einheit und Selbstständigkeit hätte prophezeien können.

Was den fränkischen Nachbarn betraf, so hatte er einmal, zur Zeit der großen Kriege Belisars gegen die Ostgothen, einen

Eroberungsversuch in Italien gemacht. Es waren seitdem zweihundert Jahre verflossen: seit der Festsetzung der Longobarden war keine Rede mehr davon gewesen. Die beiden Reiche hatten im Ganzen ein friedliches Verhältniß; die Longobarden waren bei Weitem nicht stark genug, um dem fränkischen Gebiete irgend einen Schaden zuzufügen. In den schlimmsten Zeiten innerer Verwirrung vor dem Aufkommen der Karolinger hatten die Longobarden niemals einen feindlichen Versuch gegen Frankenland gemacht. Früher mochten ihre intimen Beziehungen zu Bayern der fränkischen Regierung zuweilen unbequem gewesen sein: jetzt eben aber wurde Bayern dem fränkischen Einfluß auf's Neue unterworfen, und König Liudprand blieb in fester Freundschaft zu Karl Martell. Der fränkische Staat hatte also keine überlieferte Richtung gegen Italien und nirgendwo ein politisches Interesse, sich der Regeneration des Landes zu widersetzen. So gewiß die Entstehung einer deutschen Nation unmöglich ohne die momentane Verbindung Sachsens mit dem fränkischen Reich, so sicher war jedes fränkische Einschreiten gegen die Longobarden tödtlich für das italienische, nutzlos für das fränkische Volk.

Was war es nun, was bereits den Nachfolger des Martell, den König Pippin, zu einem erdrückenden Kampfe gegen die Longobarden bestimmte?

Alle Welt weiß es. Es war die dringende und wiederholte Aufforderung des Papstes. Im 8. Jahrhundert wurde der Wohlstand, die Ordnung und Einheit Italiens der Machtstellung der römischen Curie geopfert.

So lange das alte römische Reich bestand, waren die Päpste zweifellos Unterthanen des Kaisers gewesen. Seit dem Erlöschen des weströmischen Reiches beginnt ihr Streben nach weltlicher Unabhängigkeit und Souveränetät; ihr einfaches System ist, keine andere Herrschaft über ganz Italien aufkommen zu lassen, immer zwei Herren in Italien zu haben, und zwischen ihnen balancirend selbst empor zu kommen. Unter der Herrschaft des großen Ostgothen Theodorich haben sie Verständnisse mit Byzanz. Im 6. und 7. Jahrhundert wieder byzantinische Unterthanen leben sie im guten Vernehmen mit den longobardischen Königen. Liudprand ist zuerst mit dem von ihm reich beschenkten Papste verbündet: kaum aber entwickelt sich seine Absicht völliger Vertreibung der Byzantiner, so wechselt die Curie die Partei, und als sein Nachfolger Aistulf in Folge dieser Feindseligkeit geradezu gegen Rom vorbringt, ruft der Papst die Dazwischenkunft des gewaltigen Frankenkönigs auf. Wir bemerkten schon, daß die Curie, eine solche Wendung voraussehend, in den Angelegenheiten der deutschen Kirchen sich längst dem karolingischen Interesse freundlich gezeigt: man wird dem fränkischen Könige die Rücksicht auf dieses Verhältniß auch im politischen Sinne anzurechnen haben, indessen nicht minder in Anschlag bringen, daß jeder Streich gegen die Longobarden in Bayern ebenso empfindlich gefühlt wurde, wie umgekehrt eine Vernachlässigung Roms in den Mainzer Klöstern. Da hievon Eines ebenso schwer wog als das Andere, so wird man sagen müssen, daß Pippin endlich nur durch das Motiv eines großen Ehrgeizes bewogen wurde, die von dem Papste bezeichnete Bahn zu betreten, an deren Endpunkt ein Kaiserdiadem glänzte. Bei einem modernen Pippin würde für einen ähnlichen Entschluß nach Umständen kirchliche Begeisterung und religiöse Devotion mitwirken. Bei dem Sohne Karl Martells wurde von einem solchen Motive wohl gesprochen, aber kein Schritt der politischen Action dadurch bestimmt.

So wurde Aistulf besiegt, ein Rest byzantinischer Herrschaft erhalten, der Papst selbst aber Landesherr in einem stattlichen Gebiete Mittelitaliens. Karl der Große vollendete das Werk Pippin's, indem er selbst den Thron der Longobarden bestieg, den Papst anfangs unabhängig ließ, und dann das Gebiet desselben nur in unbestimmter Weise der kaiserlichen Hoheit unterordnete, die Byzantiner aber aus Apulien und Calabrien nicht zu verdrängen vermochte. Die Zersplitterung und politische Anarchie Italiens war damit für ein Jahrtausend besiegelt.

Daß diese Eroberung nun für das Gedeihen des fränkischen Reiches in jener Zeit nicht nothwendig war, erscheint uns völlig zweifellos. Auch ohne Italien war die karolingische Monarchie jedem gleichzeitigen Staate bei Weitem überlegen. Sie hat zuweilen militärische Kräfte aus Italien gezogen, dafür aber mehr als einmal durch die italienischen Wirren sich in den nähern deutschen Angelegenheiten empfindlich gehindert gesehn. Die Unterwerfung Italiens entsprach also keinem realen Bedürfniß des Reiches, sondern war ein willkürlicher Act monarchischer Herrschbegier.

Sie war zugleich, wie von selbst einleuchtet, die Voraussetzung und die Brücke zur Kaiserkrönung. Diese Dinge hingen so enge zusammen, daß man mit großer Wahrscheinlichkeit schon bei Pippin den Gedanken an den völligen Sturz des Longobardischen Reiches und an die imperatorische Würde vermuthen darf: gewiß ist, daß Karl der Große, die Unterwerfung Italiens einmal vollendet, sich auf der Stelle als Imperator fühlte, und in dem endlichen Vollzug der Kaiserkrönung nur den Abschluß der bisherigen, nicht den Beginn einer neuen Stellung erblickte.

Welche Vortheile hat nun die Kaiserwürde selbst den Völkern des fränkischen Reiches gebracht?

Allerdings, jeder Unterthan des Kaisers hatte das Vergnügen zu wissen, daß sein Beherrscher der erste Souverän der Christenheit sei. Aber dieses stolze Gefühl mußte nach dem Ausweis der Thatsachen theuer bezahlt werden.

Die Kaiserkrönung brachte der fränkischen, und weiterhin der deutschen Monarchie eine doppelte, verhängnißvolle Mitgift zu: das Trachten nach unbeschränkter Weltherrschaft und die Vorstellung einer religiösen, der päpstlichen analogen Weihe. Reden wir von jedem im Einzelnen.

Wenn wir hier den Ausdruck Weltherrschaft gebrauchen, so ist es an sich selbst klar, welchen Sinn wir dem Worte beilegen. Wenn man uns einwendet, das karolingische oder das deutsche Kaiserreich sei keine Weltherrschaft gewesen, weil viele Länder Europa's und der andern Continente nicht zu ihr gehört hätten, so würde in diesem Sinne niemals ein Weltreich existirt haben, da noch niemals das ganze Universum Einem Herrn unterworfen worden ist. Ein gewisser Grad des äußern Erfolges muß, wie sich versteht, vorhanden sein, wenn eine Macht das Prädicat des Weltreiches erhalten soll; der in Wahrheit charakteristische Zug liegt

aber von vorne herein nicht in der Zahl der eroberten Quadrat=
meilen, sondern in dem Umfang des politischen Strebens und der
Richtung der politischen Gesinnung. Die Nichtanerkennung irgend
eines fremden Rechtes, die Hintansetzung des populären Wohles, die
Erklärung, für das eigne Recht keine Schranke als die eigne Macht
zu kennen, diese Momente sind es, welche den Charakter des Uni=
versalreiches bestimmen, und wo diese Momente in der Geschichte
erscheinen, hat bisher die Verurtheilung derselben für den unbestreit=
barsten aller politischen Grundsätze gegolten. Die Frage, auf die es
bei unserer Untersuchung ankommt, ist einzig die, ob in Wahrheit
diese Momente bei unserer Kaiserpolitik vorliegen, und wenn man
sie thatsächlich bejahen muß, so ist damit das historische Urtheil
unaufhaltsam und unwiderleglich festgestellt. Die Richtigkeit die=
ses Schlusses bescheinigen uns die Gegner wider ihren Willen, in=
dem sie sich unaufhörlich bemühen, die Frage aus ihrer wirklichen
Stellung zu verschieben. Sie suchen der Sache den Schein zu
geben, als handele es sich bei uns um kosmopolitischen Liberalis=
mus, um falsche Philanthropie, um jene berufene deutsche Uneigen=
nützigkeit, die sich für unterdrückte Italiener, Polen, Magyaren
auf Kosten des eignen Vaterlandes interessire, und lieber die Hälfte
des eignen Bodens verlieren als die kleinste Parzelle fremden
Gutes besitzen wolle. Das Alles ist eitles Gerede, wohl geeignet,
um heißblütige Zeitungsleser bei einer brennenden Tagesfrage aus
jeder besonnenen Erwägung hinauszuschrecken, aber ohne irgend
einen Zusammenhang mit der wissenschaftlichen Erkenntniß unserer
Vergangenheit. Das wissen auch wir, daß eine große Nation
eine starke Stellung nach Außen haben, daß sie den Krieg, den
ernsten großen Krieg nicht scheuen, daß sie nach Umständen, wenn
sie bestehen und gedeihen will, Eroberungen machen muß. Hier
aber handelt es sich darum, ob die Eroberungspolitik unserer
Kaiser eine gedeihliche oder schädliche gewesen, ob sie nationalen
Bedürfnissen entsprochen und verständige Ziele verfolgt, oder die
Kräfte der Völker für überspannte und deshalb selbstmörderische
Zwecke vergeudet habe. Wer nun sein Handeln auf die Aufgabe
stellt, als Beherrscher des ganzen christlichen und als Vernichter

des ganzen unchristlichen Erdkreises anerkannt zu werden, dessen Streben scheint uns unzweideutig jene furchtbaren Züge der Welteroberung an sich zu tragen. Daß er seinen Beruf unmittelbar von Gott ableitet und von himmlischer Weihe umgeben glaubt, kann das Urtheil über seine persönliche Rechtschaffenheit mildern, in der Sache aber muß die Wucht des Unheils dadurch nur verschärft und verstärkt werden. Denn ein Eroberer weltlicher Stimmung, der sich über frembes Recht nach der Leidenschaft seines Ehrgeizes hinweg setzt, kann vielleicht einmal von der Stimme des Gewissens gerührt und gehemmt werden. Dem Eroberer aber aus göttlicher Mission ist die Brechung fremden Rechtes an sich selbst eine Gewissenssache, und das Elend des eignen Volkes verschwindet ihm ein für alle Mal vor dem Heiligenschein seiner himmlischen Siegeskrone. Niemand wird bezweifeln, daß Karl der Große in seinen theokratischen Anschauungen viel mehr als Xerxes oder Napoleon an das Wohl seiner Völker, und viel weniger als jene an seine persönliche Glorie dachte: aber vollkommen deutlich ist es auf der andern Seite, daß seine Irrthümer nicht geringeres Unheil über die Welt und über seine Monarchie gebracht haben als der Egoismus jener Andern.

Das fränkische Reich — dies zeigen die Thatsachen ohne Widerspruch — hatte an der Einverleibung der Sachsen und der Unterwerfung der Westslaven eine Aufgabe, welche seine Militärkräfte sattsam beschäftigte, dann aber auch vollkommen lösbar war. Nun aber traten die Bezwingung Italiens, der Angriff auf Spanien, die Händel mit Ostrom, der Gegensatz gegen den Islam hinzu, und die lange und fast ununterbrochen siegreiche Regierung Karls gestaltete sich zu einer nie abreißenden Kette vierzigjähriger Kriege, wo die Sachsen in Spanien, die Italiener in Holstein, die Tolosaner an der Raab ihr Blut für die mystische Kaiserwürde des Erdkreises einzusetzen hatten. Die Folgen zeigen sich noch bei seinen Lebzeiten in schreckenvoller Deutlichkeit. Es genügt, die Gesetze seiner letzten Jahre zu lesen, um in scharfen Zügen das Unglück der Landbevölkerung vor Augen zu haben. Die Armen, heißt es dort, klagen, sie seien ihres Eigenthums beraubt,

durch Bischöfe und Aebte, durch Grafen und Amtleute; wenn einer
sein Gut dem Bischof, dem Abt, dem Grafen zu geben weigert, so
suchen diese Beamte Vorwand, ihn zu verurtheilen und zum Kriegs=
dienst zu zwingen, bis er völlig mittellos ist, und sein Gut wohl oder
übel hergiebt; wer aber sein Gut ausliefert, den lassen sie ruhig
zu Hause sitzen; die armen Leute sagen es, und andere bestätigen
es, daß die Aermeren unaufhörlich zum Kriegsdienst gezwungen
sind, die Besitzenden aber, die zahlen können, daheim bleiben dür=
fen; die Beamten aber sagen, daß die Einwohner unter allen er=
sinnlichen Vorwänden sich der Last des Kriegsdienstes zu entziehen
suchen. War somit das einst so kampflustige Geschlecht in völlige
Erschöpfung versunken, so war die Macht des Amtsadels in einer
für die Krone höchst gefährlichen Weise gesteigert worden. Seit
dem Sturze der Merovinger bestand das wichtigste Vorrecht des
Adels in dem Seniorate, in der Befugniß, seine Hintersassen im
Kriege anzuführen; es ist klar, daß dieses Recht um so schwerer
wog, je kriegerischer die Zeit war; schon die innere Stellung der
Monarchie hätte also den Karolingern eine möglichst gemäßigte
und besonnene Kriegspolitik empfehlen sollen. Statt dessen wurde
halb Europa mit immer siegreichen, niemals abschließenden An=
griffszügen heimgesucht, der Ruhm des kaiserlichen Namens über
die Welt verbreitet, das Volk in tiefes Elend hinabgestoßen und
die wirkliche Königsmacht dem Wachsthum der Aristokratie geopfert.

Vielleicht aber empfingen die Völker, was sie in politischer und
materieller Hinsicht opferten, auf dem nicht minder wichtigen Gebiete
der Kirche wieder zurück? Indem der Kaiser sich als Schutzherr
der Kirche constituirte, und seine mächtige Kraft den heiligen Auf=
gaben der Kirche zur Unterstützung lieh, gewann die Welt viel=
leicht vortreffliche Seelsorger, wachsende Bildung, geläuterte Moral?
Und jedenfalls, da der Papst ohne die Siege des Kaisers longo=
bardischer Unterthan geworden wäre, und die mittelalterliche Welt,
wie allgemein gesagt wird, ohne ein souveraines Papstthum nicht
hätte bestehen können, so wäre endlich doch aus allem Elend der
Franken und Italiener, wie aus einem großen weltgeschichtlichen
Dünger, die ganze Blüthe des spätern Mittelalters hervorgewachsen?

Was die Fortschritte der Bildung unter Karl dem Großen betrifft, so will uns scheinen, als hätte seine Sorge für den Unterricht, die Akademie an seinem Hofe, die Sammlung der deutschen Sagen und die deutsche Benennung der Monate — als hätte das Alles ohne die Beherrschung Italiens, im friedfertigen Verkehre auch mit dem longobardischen Rom sich in gleicher Weise vollziehn können. Von besserer Seelsorge und Hebung der Sitte ist vollends nur das Gegentheil zu spüren. In der nächsten Umgebung des Kaisers sah man, vor Allem in späterer Zeit nach der Krönung, dicht neben einander eine herrschsüchtige Hierarchie und wilde Ausgelassenheit. Dem Clerus hatte die Regierung auf das Schärfste vorzuhalten, das heiße nicht dieser Welt entsagen, wenn man zwar keine Waffen trage und nicht öffentlich in der Ehe lebe, dafür aber List und Bedrückung, Drohung der Höllenstrafen und Versprechen der Seligkeit anwende, um armen und reichen Leuten, wenn sie nur einfältig seien, ihre Güter zu rauben. Es ging hier wie so häufig, daß äußere Kirchenmacht und innere Lauterkeit im umgekehrten Verhältniß standen; der Clerus verweltlichte, während die Staatsgewalt geistliche Mienen annahm. Die erste Instruction, welche Kaiser Karl nach der Krönung seinen Sendboten mitgab, war eine Ermahnung, daß im Kaiserreiche überall christlicher Glaube und christliche Tugend zu pflegen sei; unaufhörlich war die Regierung mit dem Lebenswandel des Clerus, der Doctrin der Theologen, der Zucht und Pracht der Kirche beschäftigt. Kaum aber hatte Karl die Augen geschlossen, so ging in einflußreichen geistlichen Kreisen des Hofes die Rede, es sei unziemend, daß die Regierung so detaillirt für die Kirche sorge, weil dadurch die Selbstständigkeit der Kirche gefährdet werde. Unmittelbar aus dem Abendglanze, welcher die Stirne des greisen Siegesfürsten umstrahlt hatte, dämmerte der erste Schein des Verderbens auf, welches seine theokratische Haltung seinen Nachkommen bereiten sollte. Es klang vortrefflich, dies Dogma von der kaiserlichen Schutzvogtei über die christliche Kirche und den christlichen Erbkreis, dieser Preis des unzertrennbaren Bundes der beiden selbstständigen Schwerter: aber noch kein Menschenalter nach der Kaiserkrönung war vergangen, und schon begann sich die Wahrheit zu entwickeln, daß neben einem solchen Kaiserthum kein Raum für das Papstthum war, daß beide Gewalten, auf denselben Boden gestellt und auf die gleiche Aufgabe gewiesen, nothwendig zu tödtlichem Bruche gelangen mußten.

Es ist dagegen kein Widerspruch, daß kein anderer deutscher Fürst so viel für die kommende päpstliche Weltherrschaft wie Karl der Große gethan hat. Sie wurde schlechterdings erst möglich durch seine Besiegung der Longobarden, durch die von Pippin begonnene, von Karl bekräftigte Zerstückelung Italiens, durch die Verwandlung des nationalen fränkischen Königthums in ein kirchlich costümirtes Kaiserthum. Mochte für den Augenblick der Papst sich durch den halbpriesterlichen Kaiser eingeengt fühlen, auf die Dauer hatte offenbar der halbe Priester keine Aussicht, seine Stellung gegen den ganzen zu behaupten. Auch hier zeigt es sich, im Verhältniß zum Papste wie vorher gegenüber dem fränkischen Adel, daß die Erhöhung Karls zum theokratischen Weltherrscher nur scheinbar ein Gewinn, in Wahrheit eine Einbuße für die Monarchie war.

Sollen wir nun in der That erklären, trotz dem Ruine Italiens, trotz dem Elend Galliens und Deutschlands, trotz der Schwächung des fränkischen Königthums, trotz alle dem und alle dem, sei diese Wendung heilsam und nöthig gewesen, weil sonst ja die Macht des Papstthums unmöglich geworden, und man sich ohne die päpstliche Weltherrschaft die katholische Kirche und das Mittelalter überhaupt gar nicht vorstellen könne? Wie uns scheint, sollten die Freunde des Katholicismus die ersten sein, eine solche Reflexion mit Entrüstung zurückzuweisen. Denn welch eine Kirche und welch ein Kirchenregiment wäre das, welches ohne so unermeßliches Elend seiner Bekenner nicht zu existiren vermöchte? Die historische Betrachtung weiß davon nichts. Sie findet im Gegentheil, daß die Kirche bei der frühern bescheideneren Stellung der Curie fortdauernd gewachsen ist, in der Zeit des altrömischen Imperiums wie in der kaiserlosen Zeit vom fünften bis neunten Jahrhundert, während im spätern Mittelalter unter der Allmacht des Papstthums die Ausdehnung des Bekenntnisses kaum nennenswerthe Fortschritte gemacht hat. Sie findet, daß die kirchliche Wissenschaft niemals höher gestanden, als in den Jahrhunderten, wo die Päpste Unterthanen der römischen Imperatoren waren, und niemals tiefer, als in der Epoche, in welcher das kirchlich-germanische Kaiserthum die Bahnen zur päpstlichen Weltherrschaft ebnete. So weit die gegebenen Thatsachen reichen, ergibt sich überall der Schluß, daß auch für das wahre Gedeihn der Kirche die Erneuerung des Kaiserthums keinen größern Nutzen als für die Wohlfahrt der Völker und die Stärke der Krone brachte, daß die persönliche Größe und die unendlichen Verdienste Karls auf andern Gebieten seiner Wirksamkeit liegen, daß, wie in allen menschlichen Dingen, neben starkem Lichte auch in seinem Leben starker Schatten und die Kaiserkrönung wohl der dunkelste dieser Schatten war.

„Karl der Große[1]) hat es versucht, die Unterschiede der Stämme auszugleichen; neben die einheitlich gestaltete Kirche stellte er ein einheitlich gestaltetes Staatswesen; es sollten nicht allein alle christlichen Völker seine Herrschaft anerkennen, es sollten auch alle in derselben Weise beherrscht werden, alle ein und derselben staatlichen Regel sich fügen. Es ist richtig, daß nicht alle Eigenthümlichkeiten im Staatsleben sich mit einem Schlage beseitigen ließen; man kann auch zugeben, daß das vielleicht nicht einmal die bewußte Absicht des Kaisers gewesen sei; aber sein ganzes Walten bewegte sich doch unzweifelhaft in dieser Richtung; wie er den römischen Imperatortitel führte, so war er gewiß auch tief durchdrungen von dem romanischen Staatsgedanken, von der Auffassung des Staates, welche das absterbende Römerthum auf die germanischen Zeiten vererbte. Dieser romanische Staatsgedanke kennt eine Abstufung von oben nach unten, einen einheitlichen Mechanismus, welcher im Staatshaupte gipfelnd durch die Hierarchie

---

[1]) Die folgenden Sätze stehen bei Ficker S. 39 und 40. Ich freue mich, an dieser Stelle mit ihm einig zu sein, und bedauere nur, weiterhin constatiren zu müssen, daß das Richtige für ihn aufhört richtig zu sein, wenn es aus der unschädlichen Ferne des 9. Jahrhunderts heraus in praktische Nähe an unser eigenes Leben herantritt.

eines abhängigen Beamtenthums bis zu der regierten Volksmasse hinabreicht, es dadurch ermöglicht, alle Kräfte der Gesammtheit für Ziele, welche die Centralgewalt setzt, gleichförmig in Bewegung zu setzen und auszubeuten. Aber er kennt keine selbstthätige Betheiligung am Staate von unten hinauf, er kennt keine Grenze, wo die Wirksamkeit des Ganzen aufhört, die der Theile beginnt; er kennt keine Sonderberechtigung im Staate, die nicht vom Staate verliehen wäre, von ihm nicht auch wieder genommen werden könnte; er kennt keine Verschiedenheit im Neben einander, keine örtliche Gliederung des Staates mit einer den natürlichen oder historisch erwachsenen Unterschieden entsprechenden Besonderheit von Rechten und Pflichten; in jeder Sonderstellung im Staate sieht er ein Hinderniß für die bequeme Erreichung der Staatszwecke; eine Alles umfassende Leitung des Ganzen von einem Mittelpunkte aus wird nur ermöglicht durch die vollkommene Einförmigkeit seiner Gestaltung.

Ein solcher Zustand war freilich in Karls Reiche noch keineswegs erreicht; aber es war mit Bestimmtheit die Bahn eingeschlagen, welche zu ihm führen mußte. Daß es nicht so wurde, haben wir schwerlich zu beklagen. Was unsere abendländische Cultur so hoch stellt, ist doch vor Allem ihre reiche Mannichfaltigkeit; von mehreren Centralpunkten ausgehend, von verschiedenen Nationen getragen, konnten die hier und dort vorhandenen Keime sich frei entfalten, sich selbstständig entwickeln, während dennoch bei dem durch das Christenthum wie durch die gemeinsamen römischen und germanischen Bildungselemente vermittelten engern Zusammenhange leicht die eine Nation die Früchte der geistigen Arbeit der andern sich zu Nutzen machen konnte[1]). Alles das war unmöglich, wenn der Welt schon in dem Universalreiche Karls des Großen ihre endgültige staatliche Form gegeben war. Die centralisirende Richtung würde sich nothwendig immermehr verschärft, jede freie Bewegung der Einzelnen erstickt, die Einheit zur Einförmigkeit

---

[1]) War dies im 9. Jahrhundert möglich, so konnte es natürlich auch im 11. und 12. geschehen. Auch dann bedurfte die Cultur keines Kaiserthums.

durchgebildet haben. — Für nationale Entwicklung wäre keine Stätte gewesen. —

Das Gelingen der Versuche Karls würde einen Zustand der Frühreife herbeigeführt, die Entwicklung gesunder Kräfte verhindert haben. Aber ein solches Gelingen war nicht wohl denkbar. Ein centralisirtes Reich mag immerhin die angemessenste Staatsform sein für abgelebte Völker, wo der Höhenpunkt der Entwicklung überschritten ist. — Aber es war das keine Staatsform für jugendfrische, lebenskräftige Stämme, für welche eine freiere Bewegung in der einem jeden eigenthümlichen Richtung vor Allem Bedürfniß war. Jeder Versuch, sie einzuzwängen in ein einförmig gestaltetes Staatswesen, mußte ihnen dieses Bedürfniß nur um so bestimmter zum Bewußtsein bringen."

Entstehung der deutschen Nation.

Erinnern wir uns an die bekannten äußern Thatsachen. Karls Nachfolger Ludwig der Fromme gab 817 ein großes Reichsgesetz, wodurch er die Stellung des Kaisers zu seinen Verwandten, des Kaiserthums zu den einzelnen Ländern regulirte. Als er dies später selbst zu ändern versuchte, erhob sich gegen ihn sein ältester Sohn Lothar als Verfechter der kaiserlichen Einheit, gegen den Vater kräftig angetrieben und unterstützt durch die emporstrebende römische Curie. In diesen Kämpfen, welche in vielfachem Wechsel die ganze Regierung Ludwigs erfüllten, waren es vornehmlich die deutschen Stämme, die sich den Ansprüchen Lothars widersetzten; das Streben nach nationaler Besonderheit warf sich den kaiserlich-kirchlichen Einheitsgedanken entgegen. Die kaiserliche Familie spaltete sich darüber vollständig; Lothars jüngere Brüder trachteten im altmerovingischen Sinne nach eigner selbstständiger Souveränität, und setzten nach dem Tode des Vaters in dreijährigem Bürgerkrieg ihre Ansprüche durch. Durch den Vertrag von Verdun erhielt Ludwig der Deutsche die Lande östlich vom Rhein, Karl der Kahle die Provinzen westlich der Rhone und Schelde, Lothar aber Italien, Burgund und das Land zwischen Rhein und Schelde, das später nach ihm sogenannte Lotharingien. Diese Theilung sollte allerdings das Reich noch nicht völlig zerreißen, vielmehr Lothar mit der Kaiserwürde eine gewisse hervorragende Stellung behalten, ewiges Bündniß mit den Brüdern Statt finden, zuweilen Gesammtreichstage gehalten werden. Aber das Alles war nicht mehr durchzuführen. Lothars Geschlecht erlosch bereits in seinen Söhnen; die beiden andern Linien geriethen in bittern Haber, welcher die Theilstaaten immer weiter von einander entfernte und die Gesammtmacht der Franken schwächte; Lothringen fiel endlich an die deutschen Könige, Burgund setzte sich einheimische Regenten, Italien wurde hin und her gezerrt zwischen den Ansprüchen der deutschen und der französischen Linie, den innern Parteien seiner Aristokratie und dem mächtigen Einfluß des römischen Stuhles. Diesen Zustand benutzten die arabischen Flotten im Mittelmeer, die normannischen Seekönige an den Küsten des Oceans, die ungarischen Reiterschwärme an der weiten Ostgrenze des Reiches, um Jahr für Jahr die anarchischen Provinzen des Kaiserthums mit ihren Verheerungszügen heimzusuchen. Unter all diesem Getümmel versanken die karolingischen Fürsten in körperliche und geistige Ohnmacht; einer nach dem andern wurde in den Jahren des kräftigsten Mannesalters gelähmt und stumpfsinnig, und unter solcher Herrschaft lösten sich, wie einst das Kaiserreich, so jetzt auch die einzelnen Theilstaaten in ihre Bestandtheile auf. In Italien that der Herzog von Spoleto, der Herzog von Friaul, der Markgraf von Tuscien was er mochte; in Frankreich war der Herzog von der Normandie, von Francien, von Bourgogne ein jeder mächtiger als der König; in Deutschland waren Sachsen und Lothringen, Bayern und Schwaben so gut wie selbstständige Staaten. So lagen die Dinge, als im Jahr 911 der letzte deutsche Karolinger sein kümmerliches Leben beschloß.

Wenn es wahr ist, daß in den großen historischen Kämpfen der Erfolg der höchste Richter ist, oder mit andern Worten, daß der Werth einer großen politischen Schöpfung an ihren Früchten erkannt wird, so war durch diese erschütternde Welttragödie der Kaisergedanke Karl des Großen, man sollte denken, vollständig und für immer gerichtet. Sein Bau war im ersten Menschenalter nach seinem Tode gestürzt, und im dritten in Staub zerrieben, nicht durch äußere Feinde, nicht durch überraschende Zufälle, sondern durch das natürliche Wachsthum seiner Theile, und die nothwendige Entwicklung seiner Grundtendenzen. Um die Völker und Stämme unter seine Macht zu beugen, hatte Karl den Adel und die Kirche groß gezogen; jetzt hatten Stämme und Völker die Kaiserkrone zersprengt und Kirche und Adel die Trümmer an sich genommen. Auf eine überspannte Monarchie war in naturgemäßer Reaction die politische Anarchie in einem halben Welttheil gefolgt. Indeß war in den Völkern des großen Kaiserreichs zu viel gesunder Stoff, zu viel vorwärts drängende Lebenskraft, als daß ein solcher Zustand hätte von Dauer sein können, und vor Allem in dem ostfränkischen Reiche stellte sich bald als umfassende Vertreterin der Gesammtinteressen eine kräftige Monarchie in dem sächsischen Hause der Ottonen oder Ludolfiner her. Es waren die Stämme, welche seit den karolingischen Theilungsverträgen Ludwig dem Deutschen und dessen Söhnen gehorcht hatten, Franken und Sachsen, Schwaben und Bayern, bald auch Lothringen. Die weitaus überwiegende Masse der Bevölkerung gehörte der deutschen Zunge an; romanischen Stammes war nur ein Theil Lothringens; dafür gehörte ein Theil Flanderns zu Frankreich und ein Theil des alamannischen Stammes zu Burgund. Immer war troß dieser kleinen Modificationen, im Ganzen und Großen angesehn, das deutsche Volk — jetzt durch den Wechsel der Dynastie vollständig aus dem karolingischen Reiche abgelöst — zum ersten Male in einem einheitlichen und eigenartigen Staatswesen geeinigt. Es ist der Beginn der deutschen Nation und des deutschen Reiches.

An dieser Stelle bringt unser Gegner eine sehr ausführliche Erörterung über die Frage, ob es das bewußte Streben nach volksthümlich nationalen Staaten, ob es das Nationalitätsprincip im modernen Sinne gewesen, welches das Karolingerreich gesprengt und die Bildung des deutschen Reiches veranlaßt hätte. Er verneint es durchaus. Er hebt hervor, daß kein gleichzeitiger Schriftsteller davon die leiseste Erwähnung thue, daß das deutsche Volk zwar dieselbe Sprache gehabt, aber diese nur im mündlichen, nicht im schriftlichen und literarischen Verkehre gebraucht, daß es bei dem völlig unentwickelten Nationalbewußtsein selbst an einem Namen für die Nation damals noch gefehlt habe. Nicht der Gegensaß von Romanen und Deutschen sei den Leuten anschaulich gewesen, denn gerade an der Sprachgrenze, in Lothringen, hätten Elemente beider Stoffe sich bereitwillig zu einem politischen Ganzen verbunden, sondern lediglich der Gegensaß der kleinern Verbände, der

Stämme, des Schwaben gegen den Bayern, des Sachsen gegen
den Franken. Dieser habe kräftig mitgewirkt zu der Sprengung
des Kaiserthums, und dann auch die Bildung der deutschen Mo=
narchie erheblich erschwert. Daran sei nicht zu denken, daß der
Umfang der letztern nach dem Umfang des deutschen Sprachgebiets
bemessen worden; vielmehr habe Heinrich I. nur deßhalb jene fünf
Stämme, nicht mehr und nicht weniger, zu seinem Reiche verbunden,
theils weil diese Verbindung schon durch die karolingischen Reichs=
theilungen vorgezeichnet gewesen, theils weil die Grenzen der kirch=
lichen Sprengel diese Gruppirung definitiv befestigt hätten. Es sei also
unbefugtes Uebertragen moderner Anschauungen in alte Zeiten, wenn
man hier von der Wirksamkeit des Nationalitätsprincipes reden wolle.

An all diesen Thatsachen nun ist auch nach unserer Auffassung
etwas Wahres, aber trotzdem ist die daraus gezogene Consequenz
zu weit gegriffen und zu scharf formulirt. Daß den Deutschen in
der frühern Zeit das Bewußtsein ihrer gemeinsamen Nationalität
fehlte, haben wir selbst auf das Bestimmteste betont, und werden
also nicht behaupten, daß ein nicht vorhandenes Bewußtsein
die Ursache großer Umwälzungen gewesen wäre. Es scheint uns
vielmehr ganz naturgemäß, daß das Nationalgefühl überall erst
dort in sich klar wird, wo die nationale Substanz durch eine
entsprechende Staatsform eine feste und lebendige Vertretung er=
halten hat, aber eben deßhalb, setzen wir sogleich hinzu, hat auch
jede Nationalität unaufhörlich den Trieb, sich eine solche Vertre=
tung durch angemessene politische Organe zu verschaffen. Im
Laufe der Völkerwanderung war dies noch nicht bei der Gesammt=
nation, wohl aber bei den einzelnen Stämmen geschehn, zum Theil
in eigenthümlicher, von dem nächsten Nachbarn sehr abweichender
Art. So fühlte sich jetzt der Bayer von dem Thüringer oder dem
Sachsen viel bestimmter verschieden und geschieden, als dreihundert
Jahre früher der Marcomanne von dem Hermunduren oder dem
Cherusker. Als das Kaiserreich sie Alle und dazu noch so viel fremde
Elemente zu einem Staatswesen zusammen band, mochte die An=
schauung immer noch eine Weile auf dieser Stufe des Stammes=
gefühls verharren, und der Sachse noch keinen weitern Abstand

zwischen sich und dem deutschen Franken, als zwischen sich und
dem romanischen Aquitanen empfinden. Aber es konnte doch nicht
fehlen, daß die Berührung und Reibung aller dieser Elemente den
Blick nicht rasch und rascher auch in weiterem Maaße auf-
gehellt hätte. Denn was man noch nicht wußte, war doch vorhanden; die Gemeinsamkeit des nationalen Stoffes, an die man
noch nicht gedacht hatte, lebte doch in Blut und Sprache, in
Neigung und Abneigung; und je stärker gerade diese Interessen
bei der großen Erschütterung des Kaiserreichs in Frage kamen,
desto lebhafter mußte auch die Empfindung derselben, mußte das
gemeinsame Nationalbewußtsein werden. Wir bemerkten, wie schon
unter Ludwig dem Frommen die rechtsrheinischen Deutschen durchgängig dieselbe Parteistellung gegen die imperialistischen Tendenzen
inne hielten. Dann bei dem Bruderkriege zwischen den Söhnen Ludwigs sehn wir, wie Ludwig der Deutsche mit den Vasallen Karl
des Kahlen den Bundeseid in romanischer, und Karl mit den
Vasallen Ludwigs in deutscher Sprache wechselt, wie also jede
der beiden Massen sich national geeinigt, ohne Rücksicht auf die
kleineren Stammesunterschiede fühlt. Nach vollzogener Theilung
ist in allen drei Reichen dieselbe Verfassung, dieselbe Kirche, dieselbe Dynastie, und man könnte demnach vermuthen, daß in allen
die gleiche politische Entwicklung Statt finden würde; nach Außen,
wie Ficker selbst bemerkt, ist Süddeutschland wie Italien von
den Ungarn, Norddeutschland wie Frankreich von den Normannen bedroht, so daß es fast natürlich schiene, wenn jeder der
beiden Theile sich mehr an das Nachbarvolk, als an den nationalen Genossen hielte. Aber von alle dem tritt das Gegentheil
ein. Nicht bei den Franzosen, sondern bei dem deutschen Süden
sucht Sachsen und Franken die Hülfe gegen die Normannen, und
nicht die Italiener, sondern die Sachsen helfen den Süden gegen
die Angriffe der Magyaren beschirmen. Im Innern aber, wie
verschieden auch die sächsischen und die bayerischen Zustände sind,
so deutlich tritt sofort der Gegensatz gegen Franzosen und
Italiener in der Gesammtentwicklung des Reiches zu Tage. Aus
der Mischung kirchlichen und politischen Wesens unter Karl dem

Großen ging bei den romanischen Völkern sofort ein starkes Uebergewicht der Geistlichen hervor; die Bischöfe waren die Lenker des Staates, die pseudoisidorischen Decretalen kommen in Umlauf, Papst Nikolaus I. kündigte die Ansprüche an, mit welchen zweihundert Jahre später der siebente Gregor die Welt erobern sollte. Bei den Deutschen dagegen fiel der leitende Einfluß unzweifelhaft in die Hand der weltlichen Magnaten; die Herzöge der einzelnen Stämme errangen sich eine fürstengleiche Stellung, die in Bayern selbst die Ernennung der Bischöfe in sich schloß; sie waren es, und nicht wie in Burgund die Prälaten, welche die Könige Arnulf, Konrad, Heinrich erhoben, und damit die Geschicke des Reiches vorwiegend bestimmten. Es ist gewiß, daß deßhalb in Deutschland die Bischöfe keineswegs politische Nullen waren, so wenig wie in den romanischen Staaten die Herzöge; aber ganz unläugbar ist der vorwiegende und charakteristische Zug, welcher hüben und drüben in bestimmt entgegengesetzter Richtung hervortritt. Es zeigt sich also in den wichtigsten Erscheinungen neben und über der Besonderheit der einzelnen Stämme die Gleichartigkeit und Zusammengehörigkeit der deutschen Nation. Mochte es noch hundert Jahre dauern, ehe sie einen Namen bekam, und von sich und ihrem Wesen deutliche Vorstellung hatte; sie war nichts desto weniger vorhanden, in solcher Kraft und Rüstigkeit vorhanden, daß ihre Neigungen und Bedürfnisse zuletzt doch das allein entscheidende Maaß für alle Thatsachen und Möglichkeiten wurden. So scheint es uns nicht viel mehr als ein Streit um Worte, ob man in der Sprengung des Karolingerreichs eine Wirkung des Nationalitätsprincips, oder umgekehrt in der Auflösung des Kaiserthums erst die Vorbereitung nationaler Verbände sehn will: das Wesentliche ist, daß unsere gesammte Geschichte vom 9. zum 10. Jahrhundert eine Bewegung vom Weltreiche zum Nationalstaate, daß sie nicht allein das Werk dynastischer und kirchlicher Interessen, sondern durch und durch erfüllt mit dem Wirken und Wachsen nationaler Regungen ist.

Uebrigens ist hier eine allgemeine, für unsere ganze Frage entscheidende Bemerkung an ihrer Stelle. Was haben wir unter

dem nationalen Princip in der Staatenbildung zu verstehen?
Begreifen wir darunter jene enge Einseitigkeit, in welcher man
aus der Fülle der staatenbildenden Kräfte einzig die Gemeinsam=
keit der Sprache herausgreift, und jedem Menschen in jedem
Augenblick, ohne Rücksicht auf geschichtliche Entwicklung, positive
Rechte und öffentliches Gedeihen, die Befugniß zu willkürlicher
Auflehnung gegen einen Herrscher fremder Zunge beilegt? Dann
allerdings hätte ein wissenschaftlicher Gegner mit der Widerlegung
leichtes Spiel. Denn es ist nicht wahr, daß das einzige Merk=
mal und Palladium der Nationalität die Sprache; es ist ebenso
wenig wahr, daß die Nationalität irgend wenn etwas Fertiges
und Festabgeschlossenes sei. Vielmehr ist die Sprache nur ein
einzelner Ausdruck des gemeinsamen Grundstoffes, neben Recht und
Sitte, neben Lebensweise und Geschmack, neben Genußrichtung und
Arbeit. Dieser Grundstoff ist aber, nicht anders als die Persön=
lichkeit des einzelnen Menschen, von unverwüstlicher Zähigkeit und
zugleich in unaufhörlicher Entwicklung begriffen. Die Gesundheit
des Volkes fordert gleich sehr, daß man die Natur dieses Kernes
nicht gewaltsam zerstöre, und daß man ihre lebendigen Wandlun=
gen nicht gewaltsam hemme. Sie verträgt — und nach Umstän=
den, sie begehrt — die Aufnahme fremder Elemente; sie fügt sich
den geschichtlichen Einflüssen: immer unter der Voraussetzung rich=
tigen Maaßes und angemessener Folge. Nicht weniger als die
gemeinsame Sprache und Abstammung bindet gemeinsames Geschick,
gemeinsames Wirken und Leiden die Menschen zusammen; die
Muttersprache und der Glaube der Väter, die geistige Begabung
und die Art des Blutes sind im allmählichen Gange der Geschichte
der Umwandlung, Mischung und Erneuerung fähig. Immer aber,
wie im einzelnen Menschenleben der Mann nicht einen einzigen Zug
seines Kindergesichtes und doch die gleiche persönliche Natur be=
wahrt, so zieht sich durch allen Wechsel einer Volksgeschichte die=
selbe nationale Persönlichkeit, deren Sprengung mit der Vernich=
tung des Ganzen gleichbedeutend ist.

Wenn wir also darthun werden, daß die Politik unserer großen
Kaiser keine nationale gewesen, sondern daß sie das nationale In=

teresse stets dem Streben nach theokratischer Weltherrschaft geopfert, so wird jetzt der Maaßstab deutlich sein, nach dem wir unser Urtheil bilden. So wenig wir jene falsche Friedensliebe um jeden Preis, ebenso wenig haben wir dabei die Einseitigkeit der modernen Sprachentheorie im Sinne. Es ist wieder nur eine ungehörige Verschiebung der Frage, wenn die Gegner diese Dinge in die Discussion hineinziehn. Läge hier der Gegensatz, um den es sich handelt, so wäre es freilich nicht schwer, die Vorwürfe gegen die Kaiserpolitik zu entkräften. Aber wie gesagt, dies ist die Frage nicht. Vielmehr darauf kommt es an, ob das Programm der kaiserlichen Politik das Gedeihn der deutschen Nation als höchsten Zweck in das Auge faßt, oder ob es den Bestand unseres Volkes nur als dienendes Mittel für die Zwecke eines weltumfassenden Ehrgeizes betrachtet, ob die Durchführung des kaiserlichen Systems den Kern unseres nationalen Lebens befruchtet und entwickelt, oder ob sie denselben zurückhält und beschädigt, ob sie den germanischen Trieb auf locale Selbstständigkeit und den romanischen Gedanken einheitlicher Staatsgewalt in richtiges und organisches Gleichgewicht setzt, oder ob sie die deutsche Freiheit mit völliger Ueberfluthung durch romanischen Cäsarismus bedroht? Wie man sieht, haben diese Fragen weder mit einer besondern politischen Doctrin, noch mit specifisch modernen Liebhabereien das Mindeste zu thun, sondern beziehn sich durchaus auf geschichtliche und sittliche Grundforderungen, die zu allen Zeiten und bei allen Völkern gleich feste Geltung haben, weil sie alle nur verschiedene Ausdrücke des ewigen Satzes sind, daß die Pflicht jeder Herrschaft das Wohl des ihr anvertrauten Volkes ist.

Anfangs in der That nahm sich das junge deutsche Königthum so aus, als gäbe es keine andere Richtschnur seines Wirkens als den nationalen Gedanken im besten Sinne. Der erste Fürst des sächsischen Hauses, König Heinrich I., genießt eines gerechten und in seltener Weise einstimmigen Ruhmes. Er begann mit bescheidenen Anfängen, als erwählter König allein der Franken und Sachsen. Gleich nach seiner Erhebung lehnte er die kirchliche Salbung ab; ein Schritt, der kaum eine andere Deutung zuläßt, als daß er gleich äußerlich erklären wollte, er mache keinen Anspruch auf die priesterliche Herrscherstellung der römischen Kaiser, er wolle sich damit begnügen, ein König des deutschen Volkes zu sein. Darauf brachte er, mit Unterhandlung und Waffengewalt, die übrigen Stämme, Schwaben, Bayern und Lothringer zur Anerkennung seiner Monarchie; und so mäßig er in seinen oberherrlichen Ansprüchen auftrat, so erzielte er gerade dadurch den großen Erfolg, daß während seiner ganzen Regierung kein Aufstand noch Bürgerkrieg in dem bisher so wild zerrissenen Reiche vorkam. Fragt man nach den verfassungsmäßigen Rechten seiner Monarchie, so erkennt man leicht die große Schwäche derselben, die skizzenhafte Weise eines ersten Anfangs. Jeder Herzog huldigt ihm als seinem Senior oder Kriegsherrn, verspricht ihm Treue und Heeresfolge, bleibt aber seinerseits der Kriegsherr über die Einwohner des Herzogthums und selbstständig in der innern Verwaltung des Landes. Nur wo der König persönlich erscheint, ist er befugt, die Rechte des Herzogs über die Provinz für den Augenblick selbst auszuüben. Endlich besaß er nach damaliger Praxis durchgängig das Recht, erledigte Bisthümer zu besetzen, und damit den großen Einfluß des hohen Clerus nach seinem Sinne zu lenken. Allein so mäßig diese Kronrechte waren, so vermochte Heinrich ihre Anerkennung nur durchzusetzen, indem er in der Praxis den möglichst geringen Gebrauch von ihnen machte. Die Einsetzung der bayerischen Bischöfe überließ er freiwillig auf Lebenszeit dem Herzog des Landes. Sein persönliches Auftreten hat nach erlangter Huldigung Bayern niemals, Süddeutschland selten gesehn. Das auch in Schwaben und Lothringen mächtige Herzogsgeschlecht der Franken behandelt er mehr als Verbündeten, denn als Unterthan. Er schweigt dazu, wenn der Herzog von Schwaben auf eigene Hand ein Bündniß mit dem Burgunderkönig schließt, oder der Herzog von Bayern nach eigenem Beschlusse einen Kriegszug gegen Italien unternimmt. Seine eigenen glorreichen Kriege hat er fast ausschließlich mit dem fränkischen, sächsischen und thüringischen Heerbann geführt.

Diese Selbstbeschränkung war unter den gegebenen Verhältnissen nöthig, weise, heilsam; sie war es um so mehr, als Heinrich es verschmähte, nach karolingischer Weise den weltlichen Magnaten ein Gegengewicht in der geistlichen Aristokratie zu geben, vielmehr sein Leben hindurch in der Gesinnung seines ersten Herrschertages blieb, und trotz aller persönlichen Andacht und Sorge für den kirchlichen Rechtszustand, dem Clerus keinen Machtzuwachs und keine Einmischung in die hohe Politik verstattete. Was unter solchen Verhältnissen seiner Stellung die wahre Stütze verlieh, war die Kraft und Ergebenheit seines sächsisch-thüringischen Heimathlandes. Diese zu stützen, zu mehren und zu entwickeln war er unaufhörlich bemüht; mit ihr hat er die Ungarn entscheidend besiegt, die Unterwerfung der Wenden und Böhmen begonnen, die Mark Schleswig gegen die Dänen hergestellt. Auf diesem Gebiete bethätigte er, daß seine Mäßigung im Innern des Reiches die Frucht der Klugheit und nicht der Schwäche war, daß offene Auflehnung gegen seine Krone ebenso gefährlich wie unmotivirt gewesen wäre. Nach Außen aber entwickelte er eine Politik, welche wiederum ebenso besonnen wie ehrenvoll war, gegen Dänen und Franzosen die Rechte des Reiches mit siegreicher Vertheidigung schirmte, im Norden mit dem stammverwandten England feste Beziehungen anknüpfte, die Südgrenze durch feste Freundschaft mit dem Könige von Italien deckte, und nach Osten der kriegerischen Kraft und Colonisationslust des Volkes ein weites und ergiebiges Feld eröffnete. Den sichern Sinn für das praktisch Erreichbare und Fruchtbare, welcher die Seele aller realen Politik ist, bewährte er nach jeder Richtung bis an das Ende seiner Tage: als er starb, war Deutschland überall im Aufblühen und Voranschreiten begriffen, einig in sich, überall geachtet, nirgendwo gehaßt, der mächtigste Staat Europa's, und der Freiheit keines Nachbarvolkes gefährlich.

Es ist überall in der Geschichte etwas mißlich, zu erwägen, was in einer gegebenen Lage hätte geschehen können; es ist vor Allem mißlich für eine Zeit, wo unsere Kenntniß des politischen Details so fragmentarisch wie im 10. Jahrhundert ist. Indessen einige Hauptpunkte treten auch hier in massiver Deutlichkeit hervor. Erforderlich war, wenn das Reich Bestand haben sollte, ohne allen Zweifel eine stärkere Entwicklung der königlichen Gewalt. Des höchsten Preises werth ist allerdings das richtige Urtheil König Heinrichs über den einzuschlagenden Weg, so wie das politische Geschick, mit dem er unter den größten Hindernissen ununterbrochen im Fortschritt blieb. Aber er selbst wäre gewiß der Letzte gewesen, sein Werk für vollendet, die Verfassung für abgeschlossen, das Verhältniß der Krone zu den Provinzen für ein Bild normalen Gleichgewichtes zu erklären.

Wenn man nun aus den Tendenzen seiner Regierung einen Schluß auf die Maaßregeln versucht, welche der Fortschritt in derselben Richtung herbeigeführt hätte, so erscheint vor Allem nahe liegend eine weitere Entwicklung der norddeutsch-sächsischen Macht; es zeigt sich dann nöthig ein allmähliches Einschieben königlicher Beamten und Vasallen in das Gebiet der herzoglichen Macht; es ergibt sich endlich das allgemeine Gebot planmäßiger, stufenweiser, festbegränzter Ausdehnung. Nur so wäre es möglich gewesen, aus der Lockerheit und Unsicherheit des bisherigen Zustandes heraus auf den festen Boden eines realen und geschlossenen Staatswesens zu kommen, eines Staatswesens, welches diesen Namen durch die Lösung seiner Aufgabe, durch Beschützung des individuellen Rechtes und Entfaltung der nationalen Wohlfahrt verdient hätte.

Aber schon der Sohn des Gründers, Otto der Große, war anderer Meinung. Den unter allen Umständen nöthigen Fortschritt suchte er nicht auf dem Wege der nationalen, sondern der erneuerten kaiserlichen Politik.

Römisches Kaiserreich deutscher Nation.

Es war eine imponirende Kraft und ein mächtiger Ehrgeiz, mit welchem König Otto der Große in die gähnenden Verhältnisse Europa's hinaustrat, und kaum die einheimischen deutschen Factionen bewältigt, die politische Leitung des Welttheils an sich riß. Ein Mensch zum Herrscher geboren, erfüllt von Verstand und Willenskraft, ungeduldig gegen jede Schranke und jeden Widerstand, von Natur auf ernste und große Gedanken gerichtet, durch eine starke Religiösität von aller gemeinen Selbstsucht abgewandt, aber nur um so heftiger in seinem Ehrgeize gesteigert, der ihm als gottgeweihter Beruf erschien. Er nahm die geistliche Salbung an; er setzte die Krone niemals auf, ohne zu fasten oder zu beten, aber wie er selbst sollten auch die Völker des Erdkreises vor diesem heiligen Herrscheramt sich beugen.

Daß im Innern die Regierungsmittel seines Vaters nicht ausreichten, wurde ihm gleich zum Beginn seiner Regierung durch mehrere höchst gefährliche Aufstände eingeschärft. Durchgreifend überall, beschloß er auch hier auf das Gründlichste zu ändern. Er begnügte sich nicht damit, Sachsen zu sichern und streitfähig zu machen, zuverlässige Männer in die andern Herzogsämter zu bringen, in jedem Herzogthum unter dem niedern Adel eine besondere Royalistenpartei zu bilden. Vielmehr schritt er völlig aus dem Systeme des Vaters hinaus, indem er, seiner kirchlichen Gesinnung entsprechend, durch ganz Deutschland hindurch die Bischöfe zu den wichtigsten Organen der Centralgewalt machte, sich ihre Ernennung und Zuneigung sicherte, und sie dann mit Gütern, Rechten und Herrschaften in fürstlicher Freigebigkeit ausstattete. So lenkte er in diesem wichtigsten Verhältniß wieder völlig in die Wege Karl des Großen zurück. Wieder verschmolz Staats= und Kirchenthum vollständig; wieder controlirten sich weltliche und geistliche Beamten gegenseitig; wieder arbeiteten sich Eroberung und Bekehrung in die Hände. Aufs Neue wurde die Kirche mit welt= lichen Ehren und Genüssen, mit weltlichen Leidenschaften und Pflichten beladen, während die Staatsgewalt keine höhere Sorge als jene für die kirchlichen Angelegenheiten kennen durfte.

Diese Erneuerung des karolingischen Standpunktes machte bald genug ihre weiteren Consequenzen geltend. Kaum waren die innern Empörungen unterdrückt, so legte dieses kirchliche König= thum seinen herrschenden Einfluß nach rechts und links über die Nachbarlande. Die Zeit war günstig für ein deutsches Weltreich wie niemals früher oder später. Im Osten und Norden lagen die slavischen und scandinavischen Stämme, in halber Barbarei, in endloser Zersplitterung und Vereinzelung. Im Westen und Süden dehnten sich die Schwesterreiche der großen karolingischen Erbschaft aus, hinter Deutschland in dem Werke der politischen Einigung zurückgeblieben, zu gutem Theil in derselben anarchischen Parteiung begriffen, wie sie auch in Deutschland dreißig Jahre früher Statt gefunden hatte: überall waren freilich die Anfänge neuer Staatsordnung vorhanden, aber an keiner Stelle zu solcher Macht gediehen, wie sie zu erfolgreichem Widerstande gegen Otto's geniale Angriffskraft erforderlich gewesen wäre. Der König konnte also auf der einen Seite verfahren, wie die amerikanische Union mit den Stämmen der Rothhäute, auf der andern wie der erste Na= poleon mit den Fürsten Italiens und Deutschlands. So wurden die Slaven bis zur Oder und Weichsel, es wurden die Böhmen, Polen und Dänen zur Anerkennung deutscher Lehnshoheit und zur Aufnahme deutscher Bischöfe genöthigt. In Burgund wurde durch Verständnisse mit den Adelsparteien und dann durch plötzlichen Angriff die schwache Monarchie gezwungen, aus der italienischen hinüber in die deutsche Vormundschaft zu treten. In Frankreich unterstützte Otto abwechselnd den karolingischen König gegen den Herzog Hugo Capet, und umgekehrt, verewigte damit planmäßig die Zerrissenheit und Schwäche des Reiches, und ließ sich endlich selbst von der Mehrheit der Magnaten die Huldigung leisten. In Italien unterstützte er gegen König Hugo einen Aufstand des Markgrafen Berengar von Friaul, und erhob dann siegreichen Krieg gegen Berengar, nachdem dieser die Krone für sich gewonnen hatte. So weit auf dem europäischen Continente das lateinische Glaubensbekenntniß reichte, gab es kein Land, das nicht in irgend einer Form dem Herrscherwillen Otto's seine Unterwerfung hätte darbringen müssen, und schon im Jahre 951 hatte der König beschlossen, diesem Verhältniß die entsprechende Form in der Herstellung der Kaiserwürde zu geben.

Er empfing in diesem Augenblick eine dringende Mahnung, daß die Nation tief abgeneigt sei, ihm auf den erschöpfenden Wegen der Weltherrschaft zu folgen. Sein eigner Sohn, sein Schwiegersohn, sein erster Reichsbischof traten zum Widerspruch gegen die italienische Eroberung zusammen, und die Hälfte des Adels und Volkes schloß sich ihnen zum bewaffneten Aufstande an. Otto aber war nicht zu beugen. Nach zweijährigem Kampfe wurde er der Empörung Herr, und sandte darauf den unterworfenen Sohn wie zur Sühne hinaus zur Eroberung Italiens. Auch das brach seinen Willen nicht, daß Ludolf hier in frühzeitigem Tode zu Grunde ging; vier Jahre später führte der Vater selbst zum zweiten Male die deutschen Banner über die Alpen, verjagte den Berengar, setzte die italienische Krone sich selbst auf das Haupt und empfing zu Rom die kaiserliche Würde. Nach kurzer Weile ging er daran, die Unterwerfung der Halbinsel durch die gänzliche Verdrängung der Byzantiner aus Unteritalien zu vollenden; dies aber war das Einzige, was seinem thatenreichen Leben nicht gelang. Sein Angriff wurde abgewehrt, und die alleinige Frucht des Versuches war die Hand der griechischen Kaisertochter Theophano für den jungen Otto II.

So war das römische Kaiserreich deutscher Nation gegründet. Der Kaiser war König von Deutschland, König von Italien, Lehnsherr der Wenden, Böhmen, Polen und Dänen, Mediator in Frankreich, Protector von Burgund. Otto I. hat sein ganzes Leben an die Durchführung dieser Dinge gesetzt, und keiner seiner

Nachfolger bis in das 13. Jahrhundert, ohne irgend eine Ausnahme, hat irgend einen dieser Ansprüche anders als im Falle des Zwanges durch Waffengewalt aufgegeben. Wie man hier sagen will, daß diese Herrschaft nicht auf ein Weltreich angelegt gewesen, oder daß sie nur gelegentlich durch den Ehrgeiz eines einzelnen Kaisers über ihre natürlichen Grenzen hinausgeschritten sei, dies, bekennen wir, ist uns völlig unverständlich. Es wäre Mißbrauch der Sprache, hierüber Erörterung zu pflegen. Man kann einem Manne nicht beweisen, daß es Tag ist, wenn er die Augen zudrückt, und dann behauptet, es sei dunkel.

Man sagt uns ferner, das neue Kaiserreich sei nicht bloß durch den geringen Umfang, sondern auch durch die Art seiner Verfassung von dem karolingischen verschieden gewesen. Dieses habe auf dem romanischen Staatsgedanken der Einheit, Centralisation und Einförmigkeit von oben herunter beruht, jenes aber sei nur eine schrittweise Erweiterung des deutschen Königreiches gewesen, wo man von unten herauf in die Höhe gebaut, jedem Theil seine innere Selbstständigkeit und damit dem Ganzen eine reiche Mannichfaltigkeit gelassen habe. So sei denn auch dieses mit Freiheit im Innern gesättigte Kaiserthum der Freiheit der Nachbarn niemals gefährlich geworden.

Auf den letzten Satz ist lediglich zu antworten, wo benn noch ein Nachbar existirte, den man hätte angreifen können, und nicht angegriffen hätte. Mit England war man verbündet; es verbot sich aber auch jeder Gedanke an eine Eroberung aus dem einfachen Grunde, den einmal in unserer Zeit ein deutscher Diplomat für die Langmuth des Bundestags gegen Britannien anführte: es war eben das Wasser dazwischen, und Otto der Große besaß keine Flotte. Von Rußland war damals noch nicht zu reden; Spanien war gar weit entfernt (und doch soll ein Nachfolger Otto's es zur Unterwerfung wenigstens ermahnt haben) — was benn blieb sonst noch von Europa übrig?

Was die innere Verfassung betrifft, so ist es sehr wahr, daß Otto I. keine so starken und durchgreifenden Herrscherrechte besaß, wie Karl der Große. Aber wie redete doch oben unser Gegner über Karls System? „Es ist richtig, daß nicht alle Eigenthümlichkeiten im Staatsleben sich beseitigen ließen, es ist das vielleicht nicht einmal die bewußte Absicht Karls gewesen; aber sein ganzes Walten bewegte sich doch unzweifelhaft in dieser Richtung." Nun, eben dies paßt vollkommen auf Otto. Wie sein großer Vorgänger mußte er freilich an Abelsrechten und provinzialen Besonderheiten gar Vieles bestehen lassen, mußte es noch in höherem Grade als Karl. Aber daß sein ganzes Walten sich in centralisirender Richtung bewegte, hat er vom ersten bis zum letzten Tage gezeigt. Das Reich, die Nebenlande, die Eroberungen zusammen zu halten durch den überall gleichartigen kirchlichen Einfluß, durch das überall sich selbst gleiche Bisthum, das ist der herrschende Gedanke seiner Politik in Deutschland, wie in Slavien und Dänemark, in den italischen Provinzen, wie in den lothringischen und französischen Beziehungen. Was also von Besonderheit und Mannichfaltigkeit sich erhalten hat, ist nicht in Folge, sondern trotz des innern Systems des Kaiserreichs geblieben. Dafür ist, wie bei Karl dem Großen, nicht trotz, sondern vermöge der auswärtigen Kaiserpolitik die Macht des Adels und der Separatisten nur zu bald der Monarchie über den Kopf gewachsen.

Gehn wir nun die einzelnen Erfolge Kaiser Otto's durch, um die Brauchbarkeit, den Werth oder die Nothwendigkeit derselben für Deutschlands Gedeihn zu ermessen, so sind wir auch hier entfernt von jener sentimentalen Uneigennützigkeit, welche das Wachsthum des eignen Volkes dem Interesse der Fremden zu opfern bereit ist, so wie von dem carikirten Sprachenfanatismus, der trotz der größten geschichtlichen Thatsachen jede Art der Völkermischung für schädlich oder für unmöglich hält. Im Gegentheil wir freuen uns jeden wahren Vortheils, den unsere Kaiser der Nation erringen, und jeder Aneignung fremder Elemente, wenn sie unsere Macht verstärken ohne den Kern unseres Wesens zu beschädigen. Es scheint auch uns ein Zeichen von Schwäche, wenn ein großes Volk gar keinen Trieb zur Ausdehnung und gar keine Fähigkeit zu Annexionen hat. Aber es dünkt uns ebenso bestimmt eine Thorheit oder ein Vergehn, mit blinder Ehrsucht zusammen zu schmieden, was nicht zusammen gehört, und die äußere Erweiterung mit innerer Zerrissenheit zu erkaufen. Mit einem Worte, man mag fremde Lande erobern, wenn man stark und klug genug ist, daß im Laufe der Zeiten die bezwungenen Fremden zu wahren Volksgenossen werden. Es ist nicht nöthig, daß in jedem Augenblicke alle Bürger demselben Blute und derselben Sprache angehören, aber die Gesammtheit des Reiches und das Verhältniß seiner Elemente muß so beschaffen sein, daß die Möglichkeit und die Tendenz zur Verschmelzung und Einheit gegeben ist.

Nach diesen Sätzen ergibt sich sofort, daß die kaiserlichen Eroberungen im Osten den nationalen Interessen durchaus entsprachen. Denn der Erfolg hat es gezeigt, daß Deutschland auf diesem einst germanischen, erst neuerlich slavischen Boden fest und bleibend Wurzel fassen konnte. Es war nach Masse und Bildung stark genug, die unterworfene Bevölkerung entweder unschädlich zu machen oder mit sich zu verschmelzen. Aus den von den Ottonen gelegten Anfängen hat sich eine Verdoppelung des deutschen Territoriums und der deutschen Bevölkerung ergeben, welche in jeder Hinsicht als der größte Fortschritt unseres nationalen Wachsthums zu bezeichnen ist.

Ungleich zweifelhafter erscheint das Verhältniß bereits im Westen. Niemand wird es läugnen, daß Deutschland ein Interesse daran hatte, Frankreich nicht zu überlegener Macht heranwachsen zu lassen. Niemand aber wird es auch verkennen, daß das von Otto gewählte Verfahren, die systematische Nährung des Bürgerkriegs, das berechnete Offenhalten aller innern Wunden, im höchsten Grade gehässig und mit irgend einem Gefühl von Recht und Sittlichkeit schlechterdings unvereinbar war. Es war das System der alten Römer gegenüber den griechisch-macedonischen Staaten, das System des dritten Napoleon gegenüber den italienischen Parteien. Eine solche Haltung kann zuletzt keine andere Wirkung haben, als alle Fractionen des mißhandelten Volkes in einer einzigen gerechten Entrüstung zu vereinigen, und damit den Eroberer zu unverhülltem Kampfe gegen die bedrängte Gesammtheit zu zwingen. Dann muß es sich zeigen, ob das — überall unsittliche — Verfahren wenigstens den Ruhm überlegener Einsicht, kluger Berechnung, zutreffender Gewandtheit verdient. Ist der Eroberer im Stande, die unausbleibliche Consequenz seiner ersten Schritte zu ziehn, und mit der völligen Unterwerfung des gequälten Nachbarn zu enden, so mag er die Unsittlichkeit seines Beginnens mit dem Glanze des äußern Erfolges zu beschönigen suchen. Im entgegengesetzten Falle darf er sich nicht beklagen, wenn das geschichtliche Urtheil ihn nicht bloß eines ungerechten, sondern auch eines thörichten und selbstmörderischen Ehrgeizes schuldig erkennt. Eben diese Erfahrung aber hat bereits Otto's Enkel in der französischen Sache gemacht. Neun Zehntel des französischen Volkes rissen sich damals von dem deutschen Einfluß, und zugleich von der karolingischen Dynastie mit einmüthiger Heftigkeit los, und die deutsche Regierung, bei Weitem nicht stark genug, den Aufschwung mit Waffengewalt zu erdrücken, sah in einem Tage die Früchte fünfzehnjähriger Anstrengung, Listen und Sünden in Rauch aufgehn. Es zeigte sich, daß Otto's System nicht bloß ein Vergehn, sondern auch ein Fehler gewesen; es hatte Frankreich wirkungslos erbittert, und Deutschland ohne Nutzen eine Menge Blut und Geld und Kraft gekostet.

Das Abhängigkeitsverhältniß, in welches Otto das Königreich Burgund versetzte, hat neunzig Jahre später den deutschen König auf den burgundischen Thron geführt, und damit eine mehr als zweihundertjährige Personalunion beider Reiche bewirkt. Wir sehn ab von einem Argument, womit Ficker die Trefflichkeit dieser Erwerbung erläutert: der Besitz von Burgund sei nothwendig und unerläßlich gewesen, um den Besitz von Italien gegen die Franzosen zu decken — wir sehn davon ab, weil es doch gar zu napoleonisch ist, und mit demselben Grunde die Eroberung Frankreichs gefordert werden könnte, um Burgund, und Spaniens, um Frankreich zu sichern. Welchen Vortheil sonst in seinen innern Verhältnissen das deutsche Volk aus dem Besitze Burgunds, oder dieses aus seiner Unterordnung unter die deutsche Herrschaft gezogen, wird sich bei dem jetzigen Stande der Forschung nicht im Einzelnen ermitteln lassen: gewiß ist aber, daß die Schwächung Frankreichs viel sicherer und ohne jede Unrechtlichkeit und Gehässigkeit

erreicht worden wäre, wenn die deutschen Kaiser in ehrlicher Bundes=
genossenschaft die Consistenz des burgundischen Königreiches gestärkt
hätten, anstatt, wie sie es gethan, zuerst ein Jahrhundert hindurch
Adel und Könige gegen einander zu hetzen, und dann durch ihre
eigne, entlegene und schwache Herrschaft das Land der Zerbröcke=
lung entgegenzuführen, in der es endlich stückweise eine leichte
Beute Frankreichs geworden ist.

Der bleibende Erfolg hat also im slavischen Osten die deutsche
Eroberung trotz ihrer einzelnen Härten ratificirt. Im romanischen
Westen hat er Otto's Politik trotz ihrer augenblicklichen Triumphe
zu raschem und schmählichem Mißlingen verurtheilt. In Italien
dagegen wurde das nächste Ziel, die Kaiserkrone erreicht und die
einheimische Monarchie auf Jahrhunderte beseitigt, ohne daß es
jedoch der deutschen Herrschaft jemals gelungen wäre, im Lande
festen Fuß zu fassen. Es kommt darauf an, welche Momente des
Zustandes dieses Ergebniß herbeigeführt haben.

Die Vertheidiger des kaiserlichen Systemes sind mit der Er=
klärung schnell im Reinen. Nach ihrer Meinung sind die Italiener
durch ihren unbändigen und leidenschaftlichen Charakter zu jeder
politischen Ordnung und Selbstständigkeit schlechthin unfähig; sie
bedürfen einer fremden Leitung, und wären den Byzantinern oder
Saracenen anheimgefallen, wenn Deutschland sie sich selbst über=
lassen hätte. Es ist, wie man sieht, genau dieselbe Theorie, womit
in unsern Tagen die ultramontane und reactionäre Presse die Fort=
dauer der österreichischen und clerikalen Mißregierung in Italien
vertheidigt; nach ihrer Auffassung leidet das italienische Volk seit
einem Jahrtausend an einem unheilbaren Krankheitszustand, wobei
nichts erstaunlicher ist, als die zähe Unverwüstlichkeit des hoff=
nungslosen Patienten.

Fragt man für das 10. Jahrhundert nach den Symptomen
dieses politischen Siechthums, so werden vornehmlich zwei Uebel=
stände namhaft gemacht. Man citirt eine arge Ausgelassenheit in
den geschlechtlichen Verhältnissen, wobei in erster Reihe die Lieder=
lichkeit einiger römischen Damen und der anstößige Lebenswandel
des lombardischen Clerus erscheint. Sodann erinnert man an das

Wort des Bischofs Liutprand, die Italiener suchten stets zwei Herren zu haben, damit einer sie gegen den andern schütze, und weiß insbesondere zahlreiche Fälle anzuführen, in denen eine italienische Partei zu jenem Zweck einen ausländischen Machthaber gegen die einheimische Regierung aufgerufen hat. An diesen Thatsachen ist kein Zweifel, und Gott bewahre uns, die sittliche Verurtheilung derselben mildern zu wollen. Aber von einer solchen Strenge bis zu dem Schlusse, die Nation habe deshalb die Fähigkeit zur Selbstherrschaft eingebüßt und unwiderruflich der fremden Vormundschaft beburft, scheint uns der Sprung doch völlig halsbrechend. Wir hören von einigen liederlichen Fürstinnen und Bischöfen: was wissen wir denn irgend wie und wo von dem sittlichen Zustand in der Masse der Bevölkerung? Wie viel Niederträchtigkeit erfahren wir nicht bei den Händeln des 10. Jahrhunderts von den französischen Bischöfen, und wie lächerlich würde vor den großen Thatsachen der Folgezeit ein jeder bestehn, welcher demnach das französische Volk als unfähig zur politischen Selbstständigkeit hinstellte? Oder sechszig Jahre später meldet der deutsche Bischof Thietmar, abgesehn von den Mägden, pflegten die Frauen seiner Zeit Ehebruch zu treiben und wenn ihre Männer sich darüber beschwerten, dieselben zu vergiften: die Anklage fällt wegen ihrer Allgemeinheit offenbar viel schwerer in das Gewicht als die Aergernisse der römischen Theodora und Marozia: aber mit welchem Hohne würde man den Schriftsteller bedecken, welcher deshalb die Fortdauer der deutschen Selbstständigkeit im 11. Jahrhundert für unbegreiflich erklärte?

Nicht viel anders scheint es uns mit jenem zweiten Vorwurf der politischen Unzuverlässigkeit und Unbändigkeit zu stehn: er ist bis zu einem gewissen Grade gegründet, aber er trifft die andern Nationen des karolingischen Länderkreises mit gleicher Schwere. So laut wie die französischen Rebellen den deutschen König, so laut rufen die deutschen Empörer den französischen Monarchen zu ihrer Beschirmung gegen den nationalen Oberherrn herbei. Was Otto I. in dieser Beziehung erlebt hat, wiederholt sich bei seinem Sohne und Enkel, und zur Zeit Kaiser Heinrich II. sagt Thietmar, daß die Helfer gestorben seien, und die Gegner desselben nach auswärtiger Hülfe blickten, um ihm die Freiheit des Regierens zu nehmen und sich die eigne Freiheit zu schützen. Zur Zeit des ersten Otto wurde nun der französische Einfluß aus Deutschland freilich abgewehrt, und statt dessen der deutsche tief nach Frankreich hineingetragen: kein Mensch aber wird deshalb auf den thörichten Schluß kommen, daß bei den Franzosen das Nationalgefühl oder der politische Sinn weniger energisch als bei den Deutschen sei, sondern jeder wird auf der Stelle den richtigen Grund in der überlegenen Persönlichkeit Otto's und der verkommenen Natur der letzten Karolinger erkennen. Wäre nur jene Neigung, zwei Herren zu haben, deren jeder den andern ohnmächtig mache, in Deutschland einzig eine vorübergehende Schwäche des 10. Jahrhunderts gewesen: aber im 13. meldet sie Bischof Bruno von Olmütz dem Papste fast genau mit Liutprands Worten, und noch im 19. bildet sie die officielle Theorie der Mittelstaaten über die Nothwendigkeit zweier Großmächte im deutschen Vaterland. Sollen wir deshalb uns selbst als rettungslose Opfer der Fremdherrschaft bezeichnen? oder wollen wir nicht lieber jenes Urtheil über die Italiener des 10. Jahrhunderts behutsamer fassen? Das Letztere, dünkt uns, würde um so mehr geziemen, als gerade unsere Herrscher es gewesen sind, welche bei den Italienern jenen Factionsgeist mit allen Kräften genährt und verewigt haben. Wie der Franke Pippin die Consolidirung des Longobardenreiches definitiv unmöglich machte, so gab Otto der Große auf Schritt und Tritt lange Jahre hindurch den einheimischen Widersachern des König Hugo seine Unterstützung: und wie wir früher bemerkten, daß vor der longobardisch-byzantinischen Doppelherrschaft in Italien keine Spur jener factiösen Unbändigkeit erscheint, daß also die Verantwortung derselben nicht auf dem italienischen Volke, sondern auf den Gegnern der Longobardenkönige lastet, ebenso müssen wir hier darauf bestehn, daß die Eingriffe Otto's die Schwere dieser Verantwortung erneut und verdoppelt haben. Wenn die kaiserlich königlichen Hofhistoriographen von der politischen Krankhaftigkeit der Italiener reden, so liegt hier wenn irgendwo der Fall vor, daß die Aerzte den Patienten erst vergiftet haben, um ihn dann unter ihre Behandlung und seine Güter unter ihre Verwaltung zu nehmen.

Wir kommen also zu dem Schlusse, daß die sittliche Verwilderung und adliche Unbändigkeit jener Zeit nicht ausreicht, um die Verschiedenheit der Schicksale, welche Italien, Frankreich und Deutschland im 10. Jahrhundert erlebten, geschichtlich zu erklären. Denn an jenen Schäden und Sünden hatten sie Alle ihren reichlichen Theil; die allgemeine Anarchie, welcher seit dem Vertrage von Verdun die karolingischen Reiche anheimgefallen, hatte überall den Sinn für Recht und Ordnung und Sitte gelockert, überall auch den Trieb zur politischen Herstellung erweckt, überall aber die Bahn der Entwicklung mit schweren Gefahren umringt. Deutschland hatte das Glück, daß früher als in einem der Nachbarländer ein schöpferisch-ordnender Geist wie jener Heinrich I. die Leitung ergriff, und das Werk der nationalen Gründung befestigte, ehe die Nachbarn die Kraft zu störender und schädlicher Einwirkung gewonnen hatten. Als dann Otto der Große die neu gesammelte Macht zur Ausdehnung nach allen Seiten benutzte, wurde schon dadurch die Lösung der nationalen Aufgabe für die romanischen Reiche viel schwieriger, als sie es in Deutschland gewesen war, und was sie dann in Frankreich trotz aller Hindernisse endlich zu vollem Gelingen, in Italien dagegen zu langem Erliegen brachte, war wieder nicht eine tiefe Verschiedenheit des Nationalcharakters, sondern vor Allem die Haltung des einflußreichsten der damaligen Stände, des Clerus.

Wir sahen früher, daß die longobardischen Könige in ihrem Streben auf die Einigung Italiens vor Allem an dem römischen Papstthum scheiterten, auf dessen Anrufen die entscheidende fränkische Intervention erfolgte. Allerdings war die nächste Wirkung der letztern nicht die in Rom erwünschte: statt einer gedoppelten und deshalb schwachen Herrschaft erhielt man das mächtige Regiment Karl des Großen. Allein schon unter dem Sohne und noch unter den Enkeln desselben traten die ärgsten Spaltungen ein, und sofort erhob Papst Nikolaus I. den wohlvorbereiteten Anspruch auf die erste Stelle in dem ganzen Umfang des Welt-

reiches. Nicht gegen Fleisch und Blut, sagte weiterhin Papst
Johann VIII., haben wir zu kämpfen, sondern gegen die Könige
und Machthaber. In Italien trat der Natur der Sache nach
diese Forderung am schneidendsten hervor. Die Päpste waren
fort und fort bemüht, keine weltliche Herrschaft über Italien zu
bleibender Festigkeit und Vollständigkeit gelangen zu lassen.
Gegen den Herzog Berengar von Friaul unterstützte Papst Stephan V. den Grafen Guido von Spoleto und krönte ihn 891
zum Kaiser; als dann aber dieser nach allen Seiten seine Anerkennung durchsetzte, rief Papst Formosus gegen ihn den deutschen
Arnulf in das Land, welcher nach zwei Angriffen 896 alle Gegner
überwältigte, Rom erstürmte, sich den Kaisertitel errang, und gleich
darauf erlebte, daß Papst Stephan VI. auf's Neue zur spole-
tinischen Partei übertrat. Bald nachher gelang es dem Herzog Berengar, die Oberhand zu gewinnen, und sich unter wechselnden Schicksalen eine Reihe von Jahren zu behaupten, bis eine
Partei des lombardischen Adels den König Rudolph von Hoch-
burgund gegen ihn aufrief, und der massenhafte Uebertritt des
oberitalischen Clerus den Sieg des fremden Herrschers entschied.
Aber es dauerte nicht lange, so schien auch Rudolfs Macht zu gefährlich: mit dem Erzbischof von Mailand war es wieder der Papst[1]),
welcher 926 gegen Rudolph einen neuen Prätendenten, den König
Hugo von Niederburgund aufstellte. In ihm hatten allerdings die
kirchlichen Machthaber sich gründlich geirrt; er hatte den Willen und
die Kraft, ein wirklicher König zu sein, und wenn er in den zerrüt-
teten Verhältnissen eine oft grausame Strenge entwickelte, so setzte er
es doch für mehrere Jahre durch, daß seinen Befehlen mit Zit-
tern gehorcht wurde. Damit aber war auch die Feindschaft Roms
gegen ihn entschieden. Es herrschten dort mit unumschränkter
Gewalt Papst Johann XI. und dessen Bruder Alberich; sie ver-
trieben den König aus der Stadt, und setzten sich, als er sie
hart und härter bedrängte, zu seinem Sturze mit dem deutschen
König Otto in Verbindung. In diesem Bündnisse kam, wie wir

---

[1]) Liudpr. antapod. III., 12, 16.

wissen, zunächst Berengar II. von Friaul als deutscher Vasall zur italienischen Krone; aber auch er hatte kaum sechs Jahre regiert, als Papst Johann XII. mit ihm zerfiel, und wiederum den deutschen König zu seinem Sturze und zur Erlangung der Kaiserkrone nach Italien entbot. Die Bischöfe waren mit Freuden bereit, sich einem Monarchen anzuschließen, welcher überall in seinen Provinzen das Bisthum zum reichsten und mächtigsten Organ der Staatsgewalt erhob: auf der Anhänglichkeit des höhern Clerus beruhte seitdem die kaiserliche Herrschaft über Italien noch mehr als auf der Wucht der deutschen Waffen.

Es zeigt sich also in Italien die Curie und der Clerus ununterbrochen als eifriger Gegner der nationalen Einigung und der einheimischen Monarchie, während gerade umgekehrt in Deutschland und Frankreich die Bischöfe seit dem Sturze des Karolingerreiches durchgängig die nationale Centralgewalt gegen die Uebergriffe des weltlichen Adels und den Absonderungstrieb der einzelnen Provinzen zu unterstützen suchen. Ohne die vorausgegangene Thätigkeit der deutschen Prälaten wäre nach allem menschlichen Ermessen die Regierung Heinrich I. gar nicht möglich gewesen. Als in Frankreich ein halbes Jahrhundert später Hugo Capet sich im Gegensatze gegen die deutsche Hegemonie erhob, sah der weltliche Adel zum großen Theile in gleichgültiger oder feindseliger Unthätigkeit zu, die Bischöfe aber schaarten sich um den König mit energischer Einmüthigkeit, und waren zu Gunsten der nationalen Sache ebenso bereit, dem Papste wie dem Kaiser den Gehorsam zu kündigen. Wer sich die mittelalterlichen Zustände jemals vergegenwärtigt hat, weiß die Bedeutung eines solchen Verhältnisses zu würdigen. Der Clerus bildete durch seine äußere Stellung den wichtigsten Theil der Aristokratie, und übte durch sein geistliches Amt einen allgegenwärtigen Einfluß auf die Volksmassen: wo er nicht durch innere Zerwürfnisse sich selbst schwächte, gab es Niemand, der ein ähnliches Gewicht in die Wagschale zu werfen vermocht hätte. Es war das Heil Deutschlands und Frankreichs, daß in jener entscheidenden Zeit das Interesse ihrer Bischöfe in die nationale und patriotische Bahn gelenkt; es war das Unheil Italiens, daß durch die eigenthümliche Stellung der römischen Curie die Kirche des Landes in offenen Widerspruch gegen das nationale Interesse versetzt wurde.

Wir gelangen also im Wesentlichen zu demselben Ergebniß wie in der karolingischen Zeit. Zum zweiten Male wurde die nationale Selbstständigkeit und Einheit Italiens durch die Thätigkeit und zum Besten der päpstlichen Herrschaft verhindert. Die Vertheidiger der victrix causa, nicht im Stande die Thatsache völlig zu verbergen, suchen sie dann zum Besten zu wenden, und preisen das Kaiserthum unter anderm auch deshalb, weil Otto und seine Nachfolger die Päpste aus den unwürdigen Fesseln der römischen Adelsfactionen befreit und ihnen eine breite und würdige Stellung verschafft hätten. Nur dadurch, lassen sie erkennen, sei es möglich geworden, daß die römische Kirche ihre große geistliche Aufgabe in Europa gelöst hätte.

Wäre es wahr, so würde auch hier wieder die Bemerkung gelten, daß es eine entsetzliche Kirche wäre, welche zu ihrem Bestehn den Ruin ihres heimischen Landes bedürfte. Aber auch hier stehn die Thatsachen mit jener Voraussetzung im offenen Widerspruch. In den fünfzig Jahren vor Otto dem Großen herrschte in Rom allerdings eine wilde und oft völlig wüste Anarchie, ein viel schlimmerer und schimpflicherer Zustand, als er unter einem nationalen Königthum denkbar gewesen wäre. Aber sogar dieses Allerschlimmste war ohne schädliche Folgen für die Verfassung der abendländischen Kirche, ja auch nur für das kirchliche Ansehn der Päpste. Giesebrecht selbst, der beinahe andächtige Bewunderer der kaiserlichen Größe, kann nicht umhin es anzuerkennen: die Autorität des Stuhles Petri, sagt er [1]), war mit nichten in ihrem Grunde erschüttert, sie hatte sich vielmehr trotz des kläglichen Zustandes, in dem sich so lange die römische Kirche befand, „auf fast wunderbare Weise" erhalten. Die Curie bezog damals regelmäßiger als je den Peterspfennig von England, gab Entscheidungen nach Spanien und Afrika, empfing huldigende Gesandtschaften aus Aegypten und Jerusalem. In den schlimmsten Zeiten des rö-

---

[1]) Kaiserzeit I, 695.

mischen Factionswesen traten päpstliche Legaten mit völlig entscheidendem Ansehn in den französischen Händeln auf; aus dem ganzen Abendlande holte jeder Erzbischof mit schweren Kosten sein Pallium in Rom. Diese „fast" wunderbare Erscheinung erklärt sich aus dem sehr natürlichen Umstande, daß das kirchliche Ansehn des Papstes mit seiner territorialen Stellung gar nichts zu thun hatte, sondern auf der religiösen Ueberzeugung der Völker beruhte, er sei der allgemeine Bischof, könne den kräftigsten Segen ertheilen, und die wirksamste Sündenvergebung spenden. Diese Ueberzeugung blieb unberührt, mochte in Rom eine Theodora oder eine Marozia das Regiment führen, und nichts ist deutlicher, als daß sie noch weniger mit dem Bestand einer geordneten und nationalen Monarchie Italiens in Widerspruch gestanden hätte. Eine solche war allerdings unverträglich mit einem Papstthum, welches Politik treiben, Könige ein= und absetzen, das äußere wie das innere Leben der Völker beherrschen wollte: dem religiösen Ansehn aber der römischen Kirche, welches nicht einmal durch die Scheußlichkeiten des römischen Hurenregiments alterirt wurde, hätte es nicht den mindesten Schaden gethan.

Doch denke man hierüber wie man wolle. Diese zuletzt besprochenen Punkte, die angebliche Unfähigkeit der Italiener zur Selbstständigkeit, und die angebliche Nothwendigkeit des Kaiserthums für die katholische Kirche, diese Dinge haben für die Vertheidiger der kaiserlichen Politik ein viel größeres Interesse als für uns. Denn Otto's Weltherrschaft ist schon vom europäischen Standpunkt aus gerichtet, wenn sich ihre Nothwendigkeit für Italien und die Kirche nicht erhärten läßt. Umgekehrt aber, würde ein solcher Beweis eben so sicher geführt, wie er nach unserer Ueberzeugung ganz sicher niemals erbracht werden wird, so wäre damit für die deutsche Seite der Sache noch nichts gewonnen. Für uns handelt es sich in erster Linie nicht um die Frage, welchen allgemeinen oder idealen Werth die Aufgabe gehabt, an welche die Ottonen ihre und Deutschlands Kräfte gesetzt, sondern lediglich darum, ob diese Bestrebungen, seien sie nun für Europa nützlich oder schädlich, das Gedeihn Deutschlands befördert oder zerstört haben. Offenbar könnte die Aufgabe an sich sehr herrlich und edel, und doch die Behauptung richtig sein, daß Deutschland sich an derselben in der elendesten Weise verblutet hat. Möchten die Italiener der politischen Erziehung, die Päpste einer befreienden Unterstützung noch so bedürftig gewesen sein: ohne Zweifel ist es doch die erste Pflicht eines deutschen Monarchen, sich zunächst um die Wohlfahrt des deutschen Volkes, und nur so weit es hiemit verträglich ist, um die Erziehung der Päpste und der Italiener zu kümmern. So ist denn auch für uns die Schluß- und Hauptfrage die, welche Folgen die Kaiserpolitik für das deutsche Reich gehabt hat; es ist gut, daß wir hier nicht bloß wie oben Möglichkeiten zu erörtern, sondern eine dichte Reihe unzweifelhafter Thatsachen vorzuführen haben.

Die Thätigkeit Otto des Großen reichte, wie wir sahen, von der Seine bis zur Weichsel, von der Eiber bis zu den Abruzzen. Er führte Kriege gegen die Dänen in Schleswig, die Slaven an der Oder, die Burgunder an der Rhone, die Byzantiner am Garigliano. Es gelang seiner gewaltigen Natur, mitten unter großen innern Kämpfen dieser zahlreichen Aufgaben Herr zu werden. Es gelang ihm, wie es dem ersten Napoleon eine Zeitlang gelungen ist, gleichzeitig an der Guabiana und der Donau zu siegen. Indessen die Schwierigkeiten zeigten sich schon bei seinen Lebzeiten. In Italien lag das Verhältniß anders als bei den Slavenstämmen. Die Deutschen hatten durch Staatskunst und Waffengewalt das Land unterworfen, aber sie hatten weder die Kraft, das Volk gegen dessen Willen zu germanisiren, noch auch die Hoffnung, es in freier Sympathie dem Reichsverbande sich innerlich anschließen zu sehn. Für den einen Weg wäre es nöthig gewesen, Italien mit deutschen Beamten und Geistlichen, mit deutschen Besatzungen und Colonisten zu erfüllen, eben wie man damals in den slavischen Landen mit den größten Erfolgen den Boden bedeckte. Daran aber war entfernt nicht zu denken; es fehlte dazu dem dünn bevölkerten und finanziell unentwickelten Reiche an allen Mitteln. Der andern Möglichkeit stellte sich einerseits das ausgeprägte Nationalgefühl der Italiener und ihre den Deutschen vorausgeeilte Bildung auf das Schroffste entgegen; wenn der Deutsche ihnen Ausschweifungen

und Unzuverlässigkeit vorwarf, so gaben sie ihm Haß und Ver=
achtung wegen Rohheit, Plumpheit und Völlerei zurück. Anderer=
seits war es die päpstliche Politik, welche den deutschen Herrschern
jetzt genau dieselbe Erfahrung bereitete, wie allen frühern Königen
Italiens. Johann XII. hatte Otto den Großen nur zum Sturze
Berengars, nicht aber zur Gründung einer eigenen Staatsgewalt
gerufen, und begann den Haber gleich nach der Kaiserkrönung.
Diese Wendung erschien in ewiger Wiederholung während jeder
Regierung; immer deutlicher trat das System hervor, in welches
die Curie die Kaisermacht über Italien einzuzwängen dachte. Der
Kaiser war willkommen, wenn er sich in Italien mit dem Ruhm
begnügte, alle Feinde des Papstes zu demüthigen; in diesem Falle
mochte er über die Lombardei so viel Einfluß haben, daß ihm die
Straße nach Rom offen stand, im Kirchenstaate selbst aber mußte
er nicht herrschen wollen, und damit er gar nicht in Versuchung
dazu käme, auch Unteritalien in seiner Selbstständigkeit belassen.
So war die Curie der permanente Bundesgenosse des Kaiserthums,
so weit es sich um Erdrückung jedes dritten Machthabers, und
das permanente Hinderniß auf dem kaiserlichen Wege, sobald es
sich um des Kaisers eigne, bleibende, geordnete Herrschaft handelte.
War es ein Wunder, daß unter solchen Verhältnissen ein politi=
scher Abschluß, eine fruchtbare Ruhe schlechterdings nicht entstehn
wollte? daß jene üblen Seiten des italienischen Volkscharakters
sich immer üppiger und ausschließlicher entwickelten? daß die deut=
sche Herrschaft niemals den Charakter einer ordnenden und schöpfe=
rischen Verwaltung gewann? Sie erschien vielmehr stets nur ge=
legentlich und in kriegerischer Gestalt, wenn der Kaiser einmal ein
deutsches Heer über die Alpen führte; sie griff dann meist
hindernd und störend in die mittlerer Weile erwachsenen Zustände
ein, mußte jedes Gebot mit der Schärfe des Schwertes durch=
setzen, und hatte selbst das von Otto angeregte Standesinteresse
der Bischöfe nur eine Zeit lang zur Stütze. Mit einem Worte,
die deutsche Herrschaft über Italien blieb eine ununterbrochene krie=
gerische Action. Nun ermesse man, was es für Deutschland be=
deutete, den ewigen Kriegsstand gleichzeitig an der Elbe und Oder,

wie in Lombardien und Apulien fortzuführen. Nach Maßgabe der Hülfsquellen, der Streit- und Geldkräfte, der spärlichen und schwierigen Verkehrsmittel war die Last für die Nation nicht weniger erdrückend, als für das moderne Frankreich Napoleons gleichzeitige Kriege um Madrid und Moskau. Dort wie hier folgte die Katastrophe der Ueberhebung auf dem Fuße.

Otto II. schritt mit jugendlicher Lebhaftigkeit auf der Bahn des Vaters vorwärts. Er blieb vor Allem bei jenem kaiserlichen Regierungssystem, der Verwendung kirchlichen Einflusses zu politischen Zwecken: das Erzbisthum Magdeburg hatte seine Suffragane in den wendischen Marken und den polnischen Provinzen, Hamburgs Mission erstreckte sich über das ganze dänische Reich; Mainz bewirkte die Errichtung von Bisthümern in Böhmen und Mähren, und alle diese Geistliche waren ebenso viele wirkende Organe der kaiserlichen Hoheit in den umgebenden Vasallenstaaten. Der junge Kaiser erklärte 980 mit Stolz, daß er bereits seine Macht über die Grenzen der väterlichen Herrschaft hinaus erweitert habe. Er faßte darauf den Gedanken, Italien und Deutschland zu einem einzigen Reiche zu verbinden, und mit dessen Kräften die Eroberung Apuliens und Siciliens zu vollenden. An diesem Punkte aber brachen die weltumspannenden Träume in furchtbarer Katastrophe zusammen; 982 erlitt der Kaiser gegen die vereinten Kräfte der Griechen und der Araber die blutige Niederlage von Cotrone, und dieser eine Schlag reichte hin, die tiefe Unsicherheit des glänzenden Gebäudes an den Tag zu bringen. Während Otto mit eigensinnigem Ehrgeiz an der italienischen Aufgabe sich abmühte, erhoben sich auf die Kunde seiner Verluste die Slaven und Dänen in heftigem Aufstande, und die geschwächte Kraft der Sachsen war nicht im Stande, die Empörung nieder zu werfen. Otto starb im ersten Mannesalter an den Folgen der Aufregung und Anstrengung; es folgte eine lange vormundschaftliche Regierung und ein heftiger Streit um den Thron, bei dem Böhmen so gut wie selbstständig wurde, Friesland in seiner nordischen Kriegsnoth sich einen Herzog auf eigene Hand erwählte, Bayern bald nachher einen Herzog, nicht durch königliche Ernennung, sondern durch Wahl der

Großen erhielt, Frankreich endlich sich definitiv der deutschen Einmischung entzog. Der Ehrgeiz, welcher die deutschen Waffen nach Italien geführt hatte, warf also die deutsche Colonisation im Osten um zwei Jahrhunderte zurück und richtete die deutsche Hegemonie im Westen zu Grunde. Das Haschen nach dem Glanze kaiserlicher Weltstellung drohte der deutschen Monarchie die wichtigste Errungenschaft über die provinzialen Besonderheiten wieder zu entziehn. Der zu stark gespannte Bogen war gebrochen, der Rückschritt auf allen Gebieten unverkennbar. Und als nun Otto III., der Sohn der griechischen Theophano, zu selbstständigen Jahren kam, auf welchem Wege suchte er das Reich zu kräftigen? Sein ganzes Streben ging darauf, die ihm angestammte sächsische Rohheit, wie er sich ausdrückte, vergessen zu machen, mit römischer Bildung sein Wesen zu erfüllen, die Verwaltung seines Hofes und Reiches nach byzantinischem Muster zu mobeln. Wie die Neigungen seines Herzens vom Deutschen hinweg zum Römischen, so ging die Richtung seines Handelns vom Politischen hinweg zum Kirchlichen. Sein Leben verfloß ihm in andächtiger Begeisterung und Zerknirschung. Er pilgerte von Rom hinüber zu heiligen Einsiedlern im Apennin, zog dann nach Gnesen zum Grabe des heiligen Adalbert und eilte von dort nach Aachen an die Gruft des heiligen Kaiser Karl. Sein Ziel faßte er in das Wort zusammen: Erneuerung des römischen Reiches. Hätte ihn, zu seinem und unserm Glück, nicht ein früher Tod hinweggenommen, er würde alle Kraft daran gesetzt haben, das „rohe" deutsche Wesen von der Welt zu vertilgen. Sein Vetter Heinrich II., der ihm in der Königswürde nachfolgte, fand denn die deutsche Monarchie ungefähr auf dieselbe kümmerliche Lage zurückgebracht, aus der sie achtzig Jahre früher der erste Heinrich emporgehoben. Im Innern war die Sicherheit der königlichen Erbfolge, und damit die Festigkeit der monarchischen Gewalt und der nationalen Einheit verloren: Heinrich hatte sich mit zwei andern Thronprätendenten auseinander zu setzen, mußte seine Erwählung bei einer Provinz nach der andern erwirken, und um die Reichsregierung führen zu können, den Fürsten und Herren eine stete Theilnahme an derselben gewähren. Zur

Stärkung seiner Macht und zur Vertretung der Reichseinheit hatte
er kein anderes Mittel als seine Vorgänger, die Basirung der
Reichsverwaltung auf die Bischöfe, die er ernannte, mit ganzen
Grafschaften belehnte und mit den wichtigsten politischen Geschäften
beauftragte. Nach Außen war er nicht im Stande den drohenden
Aufschwung des dänischen Reiches und die Unterjochung des be=
freundeten England durch König Kanut zu hindern; er mußte dem ge=
waltigen polnischen Kriegsfürsten Boleslav nach langen Kämpfen
Mähren und die Lausitz und den herrschenden Einfluß im Slavenlande
abtreten, und einen Frieden schließen „nicht wie er sich ziemte, son=
dern wie er zu haben war". In Italien behauptete sich vierzehn
Jahre lang ein einheimischer Gegenkönig; als er den wiederholten
Anstrengungen Heinrichs endlich erlegen war, nahm der Kaiser die
Versuche der Ottonen gegen Unteritalien wieder auf, eroberte
einige Bezirke, mußte aber nach solchen Verlusten, daß er von
60,000 Mann nur ein kleines Gefolge zurückbrachte, auf Apulien
und Calabrien verzichten.

Ziehen wir hier am Ende unserer ersten Kaiserdynastie die
Summe, so erscheint die innere Unhaltbarkeit des Systems ebenso
deutlich wie die tragische Zähigkeit, mit der unsere Regenten alle
Hauptpunkte desselben zu behaupten trachten. So colossal das
Gebäude des ersten Otto war, so heftig strebt jeder Nachfolger
dasselbe zu erweitern, und so sicher ist am Schlusse jeder Regie=
rung eine neue Einbuße erkennbar. Die Nation wendet sich davon
hinweg; in Italien, sagt Thietmar mit großem Unbehagen, liebt
uns niemand, und Viele der Unsern sterben dort an Gift. Die
Abneigung gegen diese Züge prägt sich allmählich zu dem Rechts=
satze aus, daß jeder Vasall zum Kriegsdienste für die Erlangung
der Kaiserkrone, aber nach geschehener Krönung nicht weiter ver=
pflichtet ist: man will etwas für die ehrende Decoration, aber gar
nichts für die wirkliche Beherrschung der Fremden thun. Unter=
deß kreuzt und zerstört den Kaisern ein ehrgeiziger Plan den an=
dern; man hätte die Wenden unterworfen, heißt es heute, wäre
nicht in Italien ein Unglück vorgefallen; man wäre mit den Ita=
lienern fertig geworden, klingt es morgen, hätten sich nicht die

Polen gottloser Weise aufgelehnt. Ueber all diesen auswärtigen Sorgen geht Kraft und Zeit verloren, die nationale Staatsgewalt im Innern zu organisiren; Fürsten und Grafen thun Schritt auf Schritt, die Monarchie der Erblichkeit zu entkleiden, die eigenen Aemter aber zu erblichem Eigen zu gewinnen. Einige unter den modernen Bewunderern der Kaiserpolitik erheben sich, der Natur und der Geschichte zum Trotze, bis zu dem kühnen Satze, daß ein freies Volk auch erobern müsse, daß Herrschsucht nach Außen und Freiheit im Innern sich wechselseitig bedingten: wir sehn an dieser Stelle, in welcher Beziehung dieser Aberwitz für Deutschland eine tragische Wahrheit gehabt hat. Wohl hat die kaiserliche Eroberungspolitik an Einer Stelle politische Freiheit erzeugt, auf Kosten der Krone und des Volkes die Freiheit der Fürsten und Herren, welche schon damals anfängt, die Bauern zu Hörigen zu machen und die Leibeigenen wie eine Heerde zu verkaufen, welche schon damals auf systematische Schwächung der Monarchie und dynastische Ausbeutung der Nation sinnt. So sieht sich das Königthum immer stärker auf den kirchlichen Bestandtheil des kaiserlichen Amtes gewiesen; die Bischöfe sind, wahrlich nicht zum Vortheil ihrer seelsorgerischen Pflichten, fast die einzigen wahren Beamten des Reiches geworden, und nichts ist gewisser, als daß das Reich vollkommen zersprengt sein wird, wenn auch sie einmal aus der königlichen Leitung emancipirt oder von einer andern Gewalt in Pflicht genommen werden. Schon jetzt aber wird eine solche Emancipation in den täglich wachsenden Kreisen der Cluniacenser Mönche gefordert, und in der Anlage und den Ansprüchen völlig fertig, steht jene andere Gewalt in der römischen Curie dem Kaiserthum zur Seite. Und trotz alle dem sind die Aebte von Clugny fort und fort die einflußreichsten Männer im kaiserlichen Rath, und um den Papst befreiend zu schützen und schützend zu beeinflussen, führt jeder unserer Kaiser die Tausende deutscher Männer zum Opfer in das haßerfüllte Italien hinüber.

Noch einmal tritt eine kurze und halbe Wendung ein. Auf Heinrich II. folgt das robuste Geschlecht der salischen Kaiser, und einen Augenblick nimmt mit dem festen und praktischen Wesen

Konrad II. die kaiserliche Politik eine scharf ausgeprägte realistische Richtung. Diesem Fürsten imponirt und gefällt nichts als die greifbare und erreichbare Macht. Was mehr kostet als nutzen kann, wirft er kalten Blutes hinweg: in den von den Ottonen heillos verfahrenen Verhältnissen des Nordens und Ostens gewinnt er wieder Boden, indem er den Dänen die Markgrafschaft Schleswig überläßt, und sich damit freie Hand gegen Polen und Wenden schafft. Die christliche Mission, mit welcher Karl und Otto den Kreis ihrer Eroberungen in das Grenzenlose erweitert, läßt er auf sich beruhen, wie einst Heinrich I., weil er nicht in das Weite, sondern auf das Feste strebt. Wie jener große Vorgänger hält er den Clerus für eine höchst zweifelhafte und gefährliche Stütze, und richtet seine Politik überall nach dem Gesichtspunkt, ihn in sicherer Unterwürfigkeit und scharf bezeichneten Grenzen zu halten. Nicht als wäre er persönlich weniger religiös als seine Vorgänger; im Gegentheil er betet und fastet, ist Mitglied kirchlicher Brüderschaften, baut Klöster und Dome, und führt einen tadellos gerechten Wandel. Nur daß der Clerus der erste Stand im Staate sein, daß der Staat jede andre Pflicht gegen die Erhöhung der Hierarchie hintanzusetzen habe, will ihm nicht in den Sinn. Um so bestimmter faßt er die Herstellung der Erbmonarchie in das Auge, und schirmt mit ächt königlichem Sinne gegen die Anmaßung der Magnaten die Rechte der niederen Stände. In Italien, welches er wie vor ihm Heinrich II. bei seinem Regierungsantritte in voller Unbotmäßigkeit antrifft, schlägt er sich mit Waffengewalt von Stadt zu Stadt nach Rom zur Kaiserkrönung durch, eilt dann nach Deuschland zurück, und betritt nur noch einmal, das Jahr vor seinem Tode, das Land, um vergeblich gegen einen Aufstand Mailands zu kämpfen, und die altgewünschte Eroberung des Südens, nicht zu vollenden, aber doch nicht vergessen zu lassen. Er ist es endlich, welcher die lang vorbereitete Erwerbung Burgunds verwirklicht: auch hier bescheidet er sich, wie den Dänen gegenüber in der schleswig'schen Sache: er begnügt sich bei dem burgundischen Adel mit Lehnsfolge und ordnender Oberaufsicht und überläßt sonst einem jeden die souveräne Regierung seines Gebiets.

Es wird nicht nöthig sein, diese charakteristischen Thatsachen noch weiter zu commentiren. Konrad vermochte nicht, so stark er war, die seit einem Jahrhundert eingehaltene Bahn vollständig zu verlassen. Aber nichts bestoweniger ist der Gegensatz zwischen ihm und den Ottonen auf allen Punkten unverkennbar. Aus dem weihrauchtrüben Dunstkreise des heiligen römischen Reiches ist er wieder in die scharfe und reine Luft des politischen Königthums getreten. Giesebrecht klagt wohl, daß er keinen Sinn für die Reform und die Freiheit der Kirche gehabt und dadurch die erste Veranlassung zu dem spätern Angriffe Gregor VII. auf das Kaiserthum gegeben habe. Wir wissen aber sattsam, wie sich diese Dinge in Wahrheit verhielten, wie der Clerus durch das Uebermaaß politischer Machtfülle verweltlicht war, und eine sittliche Reform desselben am Wenigsten einer Steigerung dieser Macht bedurfte, wie bei dem Systeme Karls und Ottos entweder die Bischöfe dem König dienen, oder der Staat sich der Kirche unterwerfen mußte, wie also auf dem Boden des theokratischen Weltreichs die Freiheit der Kirche schlechterdings nur die Weltherrschaft des Papstes bedeuten konnte. Dieses Ergebniß war unvermeidlich; es mußte mit jeder Regierung näher rücken, welche die kirchlichen Geschäfte mit Herzensinbrunst in die Hand nahm, und so zeigt sich in vollem Gegensatz zu Giesebrechts Ansicht, daß die einzigen deutschen Fürsten, welche durch ihre politische Haltung den Ausbruch des Streites wenigstens verzögerten, gerade die beiden kirchlich Indifferenten, Heinrich I. und Konrad II. waren. Das Reich, sagt Giesebrecht, war von der heiligen Höhe, auf die es Karl und Otto gestellt, herabgesunken, und so zu sagen, profan geworden. Allerdings, so war es. Für einen irdischen Herrscher gibt es aber kein größeres Lob, als daß er, von dem Dünkel geweihter Gottähnlichkeit frei, für menschliches Wohl mit rechtschaffenem Sinne, fester Kraft und gesundem Menschenverstande gesorgt hat.

Konrads Sohn, Heinrich III., war mit diesem Ruhme nicht zufrieden. Er zählte bei seiner Thronbesteigung erst 22 Jahre, war aber über sein Alter ernsthaft und in sich zusammen genommen. Er zeigte große Kraft und systematische Consequenz, er verschaffte sich Ehrfurcht und Gehorsam, aber beliebt war er nicht, und Begeisterung wußte er nicht zu erwecken. Er war eine Natur von hartem Ernste, ohne einen Zug von Freudigkeit, ohne einen Sinn für Genuß, erfüllt von schweren und heißen Affecten, von schrankenlosem Ehrgeiz und strenger Kirchlichkeit, ein Mensch, der nach allen Seiten das Gebot der Ordnung, Zucht und Unterwerfung vor sich her trug, den Geistern imponirte und die Herzen abstieß. Mit Nachdruck nahm er alle Tendenzen der Weltherrschaft und der Theokratie wieder auf. Die Lehnspflicht von Böhmen und Polen wurde erneuert, und für eine Zeitlang auch Ungarn in diese Unterthänigkeit hinein genöthigt. Bei den Slaven wurde die christliche Mission auf's Neue belebt, und mit derselben der politische Einfluß des Kaiserthums auch in Dänemark und Scandinavien erneuert. In Burgund hielt der Kaiser feste Ordnung, verschwägerte sich dann mit dem Herzog von Aquitanien, schloß enge Freundschaft mit dem Grafen von Anjou, und wurde von vielen hundert Klöstern Clugny'scher Obedienz mit höchster Begeisterung verehrt, so daß zwischen all diesen Verbindungen und Beziehungen dem französischen Könige beinahe der Athem ausging. In der Höhe dieser Weltstellung hatte er für die politische Einrichtung seines deutschen Staates nur noch schwaches Interesse, ließ die unter Konrad fast zerstörte herzogliche Gewalt sich wieder erholen, und versäumte es, durch bleibende Gesetze nach dem väterlichen Muster die niederen Stände zum Fundament seines Thrones zu machen. Die ganze Fülle seiner Regententhätigkeit war statt dessen der Kirche zugewandt; seine heiße Religiosität, sein herrischer Ordnungstrieb, seine weltumfassende Politik wirkten hier zusammen; sein Gedanke war, kraft seines kaiserlichen Amtes überall den rechten Glauben, christliche Zucht und ein gottseliges Leben aufzurichten, zu diesem Zweck die Laien dem Priester, die Priester dem Bischof, die Bischöfe dem Papste, den Papst aber dem Kaiser zu unterwerfen, und auf solche Art durch den allgegenwärtigen Organismus der Kirche die kaiserliche Herrschaft über den christlichen Erdkreis zu verwirklichen. So führte er deutsche Bischöfe von gleicher Gesinnung auf den päpstlichen Thron; Concil folgte auf Concil,

Gesetz auf Gesetz, Reform auf Reform; päpstliche Legaten zogen durch alle Lande, die Ausführung zu überwachen, den Clerus in straffe Disciplin zu nehmen, die abendländische Kirche mit dem Gefühl einer starken Einheit zu erfüllen. Papst Leo IX., der mit hingegebener Andacht diesen Bestrebungen lebte, war dem überall helfenden und durchgreifenden Kaiser dankbar ergeben, und förderte seinerseits Heinrichs politische Zwecke in Ungarn, Lothringen, Scandinavien. Wer nur die Oberfläche der Dinge sah, konnte die kaiserliche Weltherrschaft für fest gegründet erachten.

Und doch hat es nie eine größere Kurzsichtigkeit gegeben, als durch welche dieser mächtige Herrscher verblendet wurde. Er that nichts, um der eigenen Krone in den Einrichtungen des Reiches festen Stützpunkt zu geben; er that aber Alles, um die Völker mit unbedingtem Gehorsam gegen die Kirche und die Geistlichkeit mit voller Unterwürfigkeit gegen den Papst zu durchbringen. Das wesentliche Mittel für die Organisation seiner Weltherrschaft war die Devotion der Laien gegen den Clerus: wie konnte er hoffen, daß der Clerus auf die Dauer ihm, dem Laienfürsten, gehorsam bleiben sollte? Es war eben die kirchliche Richtung, welche sich jetzt von Heinrich III. einstweilen hegen und pflegen ließ, aber schon zur karolingischen Zeit die pseudoisidorischen Decretalen hervorgebracht hatte. Ihr war es ein Greuel, daß ein Laienkaiser, gleichviel ob durch Tyrannei oder durch Wohlthaten, die Kirche in Abhängigkeit versetze: ihre Ueberzeugung war, daß sich das Kaiserthum zum Papstthum verhalte, wie Blei zu Gold, der Mond zur Sonne, der Leib zur Seele. Ihre damaligen Führer, der große Abt von Clugny und der römische Archidiacon Hildebrand, hielten sich still, ließen den gewaltigen Kaiser für ihre Zwecke arbeiten, und warteten ihrer Zeit.

Sturz des Kaiserthums durch die Kirche.

Wir haben beobachtet, wie das Kaiserthum unter Karl dem Großen Schöpfung und Höhenstand in demselben Augenblick erlebte, wie es im Moment seiner Gründung sich als priesterliche Weltherrschaft constituirte, und dann sofort nach dem Tode des Stifters in raschem Sinken auseinanderbrach. Nachdem darauf mit weltlicher Gesinnung und politischer Genialität Heinrich I. die Kräfte der deutschen Nation gesammelt hatte, erneuerte Otto I. das Kaiserthum zum zweiten Male, wie Karl auf kirchlichem Boden, mit dem Anspruch auf Beherrschung aller Christenheit. Die Unhaltbarkeit des Systems erschien zum zweiten Male; von Schritt zu Schritt sank unter seinen Nachfolgern das Reich an Kraft und Umfang, bis zum Aussterben des sächsischen Hauses. Wieder trat in Konrad II. ein ächter Staatsmann als Hersteller auf, und wieder erfaßte bereits dessen Sohn der dämonische Reiz der geweihten Weltkrone. Zum dritten Male verwischte, wie einst Karl und Otto die Großen, der dritte Heinrich die Grenzlinien von Kirche und Staat und ließ über seinen kirchlichen Sorgen die Grundlagen des deutschen Staats verfallen, unbegnügt mit der hohen Aufgabe, sein deutsches Volk zu regieren, des Wunsches voll, vermittelst der Kirche den Erdkreis zu beherrschen. So half er eine Constituirung der Kirche herbeiführen, bei welcher die kaiserliche Vormundschaft eine Inconsequenz und ein Widersinn war. Staat und Kirche können bei verständiger Scheidung ihrer Gebiete sich vertragen: aber auf dem Boden eines einzigen theokratischen Weltreiches kann es folgerichtiger Weise nur Ein Haupt, und keinen dauernden Frieden zwischen zwei Mitregenten geben. Kam es aber zum Bruche, so war bei dem kirchlichen Grundcharakter des Weltreiches der Sieg des Priesterfürsten über den Laienkaiser gewiß. So geschah es gleich nach dem Tode Heinrich III. Es war, stets aus denselben Gründen, das dritte Sinken des Reiches, die dritte Niederlage des Kaiserthums gleich nach seiner Erhöhung: es war die entscheidende und die letzte.

Die Thatsachen sind hier bekannt genug. Kaum hatte der gefürchtete Kaiser die Augen geschlossen, so ging Cardinal Hildebrand mit einer Mischung religiöser Begeisterung, staatsmännischen Genies und demagogischer Meisterschaft, wie sie in aller bekannten Geschichte vielleicht nur bei Oliver Cromwell ihres Gleichen gehabt hat, an sein Werk. Seine Aufgabe war nicht bloß Reform der Sitte, Hebung des Clerus, kirchliches Ansehn des Papstes. Sie enthielt allerdings dies Alles, aber sie war erst vollendet, wenn in dem Weltstaate der lateinischen Christenheit der Papst den Kaiser aus der ersten Stelle verdrängt hatte. Wie das Ziel zugleich kirchlicher und politischer Natur war, so lagen auch die wichtigsten Mittel für seine Erreichung keineswegs auf dem geistlichen Felde allein. Unteritalien, dessen Eroberung den Kaisern so oft fehlgeschlagen, war jetzt von den Normannen überwältigt worden, und diese ließen sich durch Hildebrand zu engem Waffenbunde mit der Curie bestimmen. In Mittelitalien war Herzog Gottfried von Toscana mächtig, ein alter Gegner des Kaisers, und höchst bereit, dem Papstthum seinen Arm, seine Geldmittel und seine Staatsklugheit zur Verfügung zu stellen. In Oberitalien, wo nach ottonischem System fast alle Bischöfe gut kaiserlich waren, regte Hildebrand durch religiösen Fanatismus das niedere Volk zum Kampfe gegen die verweltlichten Prälaten an. Ueberhaupt wurde in allen Landen Mannschaft und Geld zum Dienst des heiligen Petrus gesammelt; der wichtigste Bundesgenosse aber erhob sich auf deutschem Boden selbst, in dem zur Souveränität aufstrebenden Fürstenthum. Diese Allianz entriß nun zuerst den jungen König Heinrich IV. der Vormundschaft seiner Mutter, stürzte dann seinen einzigen getreuen Anhänger, den Erzbischof von Bremen, und half das sächsische Volk gegen den fränkischen König unter die Waffen bringen. Hierauf erst legte Papst

Gregor VII. die Axt an die Wurzel der kaiserlichen Macht, durch das große Verbot der Laieninvestitur, mit andern Worten, durch das Gesetz, daß der König nicht mehr die Bischöfe ernennen sollte. Wir wissen, daß seit Otto I. die deutsche Centralgewalt fast allein auf diesem Rechte beruhte, daß sie den Bischöfen, als ihren einzig zuverlässigen Organen, ganze Graffschaften, Gerichts= und Finanz= rechte, Güter und Reichthümer mit höchster Freigebigkeit über= tragen hatte, daß sie außer den Bischöfen kaum einen erheblichen Beamten ihrer Ernennung im Reiche besaß. Die weltlichen Aemter waren zu erblichen Fürstenthümern des hohen Adels geworden; verlor die Krone jetzt auch das Ernennungsrecht für die geistlichen Stellen, so war die deutsche Monarchie zertrümmert. Heinrich IV. ermannte sich diesem Angriff gegenüber aus tiefer Jugendverirrung zu einem dreißigjährigen Heldenkampfe, den nach seinem Tode Heinrich V. mit Kraft und List und eiserner Festigkeit fortsetzte. Aber die Natur der Dinge und die Richtung des Jahrhunderts war gegen ihn. Heinrich V. mußte im Jahre 1122 die wesent= lichen Zugeständnisse machen, und die letzten Reste des königlichen Einflusses auf die geistlichen Aemter wurden von dessen Nachfolger, Kaiser Lothar II., fast ohne Widerstreben aufgeopfert. Die Ohn= macht der Reichsgewalt gegenüber den Fürsten, und die Erhebung des Papstes über das Kaiserthum war damit entschieden.

Für unsere Betrachtung ist es ein höchst charakteristischer Um= stand, daß dieser Sturm, welcher den Stamm unserer Monarchie entwurzelte, über die andern Throne Europa's ohne wesentliche Schädigung dahinbrauste. Woher kam dieser Unterschied?

Man hat mit Recht geantwortet, daß die Könige von Frank= reich und England es vermieden, den Kampf gegen zwei mächtige Gegner, die päpstliche Kirche und den weltlichen Adel, zu gleicher Zeit zu beginnen, daß sie vielmehr sich beeilten, durch fügsame Freundschaft das Bündniß des Papstes für sich selbst zu gewinnen, und sich damit die Kraft zur Ueberwältigung ihres Adels, welcher damals eben so stark und selbstsüchtig war wie der deutsche, zu bewahren wußten. Warum, fragt man, schlugen unsere Monar= chen nicht denselben Weg ein? warum überschätzten sie ihre Stärke, und beschworen durch Ablehnung der päpstlichen Begehren den doppelten Sturm gegen sich herauf? Die Lösung der Frage wird sich schwerlich in persönlichen Momenten finden. Denn waren unsere Heinriche und Friedriche etwa weniger klug, als die französischen Könige? oder hatten Ludwig VII. und Philipp August einen schläfrigeren Ehrgeiz als unsere Kaiser? Niemand wird das Eine oder das Andere behaupten wollen. Ein sachlicher, allgemeiner Grund war hier entscheidend. Er lag darin, daß den französischen Königen jene planmäßige Fügsamkeit möglich war, weil sie eben nichts als Könige ihres Volkes waren, daß unsere Herrscher aber den Bund mit der aufstrebenden Kirche nicht eingehn vermochten, weil sie zugleich die Kaiserkrone trugen. Seit der Erhöhung Karl des Großen hatte die Leitung der Kirche für das kostbarste Recht des Kaiserthums gegolten. Die Beseitigung einer solchen Vormundschaft, welche von dem französischen Könige nach zweifellosem Rechte gefordert werden konnte, war für den Kaiser ein Eingriff in die überlieferten Kleinodien seiner Krone. Ebenso bestimmt führte diese Krone den langverjährten Titel zur Beherrschung Italiens, und wie alle frühern Päpste wollten Gregor und seine Nachfolger keine wirksame Königsherrschaft am Fuße des Apennin gestatten. Der deutsche König, als solcher, hätte den Kampf gegen das Papstthum so gut wie der französische oder englische vermeiden können: der römische Kaiser deutscher Nation war zu demselben gezwungen, wenn er nicht den Kern und Inhalt seines Amtes von vorne herein aufgeben wollte. So wurde der Zusammenstoß unvermeidlich, bei welchem das deutsche Königthum und die deutsche Nationaleinheit zu Grunde gehen sollten.

Wer unter uns ein Herz für das Vaterland hat, wird auf diese Katastrophe nur mit Trauer blicken können. Wohl ist es unmöglich, sich über die Grundfehler des Kaiserthums zu täuschen, und nicht in ihnen selbst die Quelle des spätern Verderbens anzuerkennen. Nun aber war es einmal so: mit all seinen Gebrechen war diese kaiserliche Herrschaft die einzige Vertreterin der Gesammtinteressen der deutschen Nation. So konnte es nicht anders sein: jeder Streich, welcher auf das Kaiserthum geführt wurde, mußte jetzt auch in das Herz der nationalen Wohlfahrt treffen. Deutsche Fluren wurden verheert, deutsches Blut in Strömen vergossen, der deutsche Staat in adeliche Parzellen aufgelöst, als Gregor VII. sich mit der adelichen Opposition gegen das Kaiserthum verbündete. Zweihundert Jahre lang erschöpfte Deutschland in diesen Streitigkeiten seine beste Kraft, und als der Sieg der Curie vollendet war, lag unter den Ruinen des Kaiserthums auch die Macht und die Einheit des deutschen Volkes begraben. Ueber diese Verluste leichten Herzens hinwegzusehn, ist nur auf einem Standpunkte möglich, dem über der Begeisterung für die Pracht der Hierarchie der Sinn für die Größe seines Volkes gänzlich erstorben ist.

Auch die Erwägung, daß bei den freiheitgefährlichen Tendenzen des Kaiserthums trotz der augenblicklichen Opfer sein Sturz eine Wohlthat für die Nation gewesen, gibt nur scheinbaren Trost. Sie wäre ganz richtig, wenn an die Stelle des Kaiserthums etwas Besseres getreten wäre. Aber die Gegner und Besieger des Kaiserthums waren von gleichem Schlage wie ihr Opfer. Es ist die Kraft und der Fluch der großen politischen Gewalten, daß sie nicht bloß ihre Freunde und Unterthanen, sondern auch ihre Gegner und Besieger mit den Tugenden und den Fehlern ihres eignen Wesens erfüllen. In jeder Revolution spiegeln sich die Züge der von ihr gestürzten Herrschaft, und auf dem Boden des kaiserlich-päpstlichen Weltstaates war den Guelfen so gut wie den Gibellinen der Gedanke ächter Freiheit fremd. Oder welch eine Freiheit wäre es gewesen, für welche die deutschen Fürsten gegen Heinrich IV. die Waffen ergriffen? Was hätte die seitdem so oft gepriesene „germanische Libertät" — was hätte sie anders bedeutet, als die unbeschränkte Befugniß jedes hochadlichen Herrn, seine Güter abzurunden, seine Nachbarn zu beschädigen, seine Hintersassen zu unterdrücken? Es handelte sich entfernt nicht mehr um die Verhütung übertriebener Centralisation oder um die Bewahrung berechtigter Stammeseigenthümlichkeit; sondern Alles bewegte sich ausschließlich um die Befriedigung persönlicher oder dynastischer Selbstsucht, welche die Provinzen so gut wie die Kroneauseinanberriß, immer wachsend ihre Pflichten gegen das Vaterland aus den Augen setzte, und endlich jede Erinnerung an diese Pflichten verpönte. Es ist begreiflich und sittlich, wenn ein Volk um wahrer Freiheit willen auf eine glänzende Weltstellung unter despotischer Herrschaft verzichtet: in Deutschland aber trat seit dem Siege der Curie über die Kaiser an die Stelle einer verzehrenden Weltherrschaft nicht die nationale Freiheit, sondern die adliche Anarchie. Es war die Schuld der alten Kaiserpolitik, daß es dahin kam; darum aber waren die Besieger derselben nicht besser, und die nächste Wirkung ihres Thuns brachte dem Volke nicht die Heilung, sondern die Erfüllung des Unglücks, keine neue Verfassung, sondern die politische Auflösung.

So auf dem politischen Gebiete. Man verweist uns ferner auf das preiswürdige Gut der kirchlichen Unabhängigkeit, welche Heinrich III. bedroht und Gregor VII. zum Heil Europa's errettet hätte. Suchen wir uns zu verstehn. Wäre hier von religiöser Freiheit die Rede, so würden wir, in gleicher Gesinnung wie oben, mit Freuden ausrufen: es ist besser für ein Volk, daß seine Weltmacht als daß seine Seele Schaden leide. Aber wer unter den Genossen Gregor VII. dachte denn an religiöse Freiheit? Das große Weltsystem Kaiser Heinrich III., wo der Geistliche über die Laien und der Kaiser über die Geistlichen herrschte, blieb ungeändert und unangetastet bestehen bis auf den einzigen Punkt, daß an die höchste Stelle des Gebäudes der Papst anstatt des Kaisers trat. Wir wollen nicht bestreiten, daß die Aenderung manchen Vortheil für die Kirche mit sich brachte; der Clerus gewann an Macht und Gut und Einfluß, und die Laienwelt erlebte allen Segen, den Zucht und Unterwerfung in religiösen Dingen erschaffen kann. Aber Freiheit? Es wäre thöricht, darüber zu discutiren; die Ausbildung der Ketzergesetze und der Inquisition macht jeden Zweifel zum Spotte. Aber wir werden noch einen Schritt weiter thun müssen. Wenn die Bewunderer Gregors auf die von ihm erstrittene Unabhängigkeit der Kirche, d. h. die Unabhängigkeit des Clerus von der Staatsgewalt hinweisen, so ist sogleich hinzuzufügen, daß man diese freilich auch beabsichtigte, sich aber damit keineswegs zu begnügen meinte. Als der ehrliche Papst Gelasius einmal mit Kaiser Heinrich V. den Vertrag abschloß, daß der Kaiser jeden Einfluß auf die Kirche, die Kirche dafür aber ihre politischen Herrschaftsrechte aufgeben sollte — eine Abrede, bei welcher die kirchliche Unabhängigkeit des Clerus in vollem Umfange erreicht gewesen — zeigte sich vom ersten Tage an, daß die Kirche den Vertrag mit vollem Abscheu zurückwies. Desto allgemeiner wurde binnen einigen Jahrzehnten ihre Zustimmung zu den Sätzen Gregors, daß jeder König seine Krone verwirke, der einem päpstlichen Befehl nicht gehorche, daß der Papst vor Gott für die gute Regierung der Könige verantwortlich sei. Mit einem Worte, die wesentliche Lage des Streites betraf weder Unabhängigkeit noch Freiheit, sondern Machtbesitz und Herrschaft. Die Anschauungen des kaiserlich-theokratischen Weltstaates blieben sonst überall aufrecht; nicht über die Art und Grenze der Regierungsgewalt, sondern über die regierenden Personen wurde gestritten. Wenn einst das Kaiserthum die Nationen unterworfen und die Rebellen zertreten hatte, so verbrannte jetzt das Papstthum die Ketzer und zersprengte die nationalen Staatsgewalten. Die Zeit wird kommen, sagte man im 13. Jahrhundert, wo alle Königreiche getheilt werden und die Welt unter der Herrschaft des höchsten gekrönten Priesters steht.

Ein Fortschritt zur Freiheit zeigt sich hier also nicht mehr als auf dem politischen Gebiete. Höchstens im negativen Sinne wird man sagen können: es war immer besser, zwei Weltherrscher neben einander zu haben als einen. Einer allein hätte die Welt zu Grunde gerichtet; die beiden aber zerstörten wechselseitig im Kampfe gegen einander ihre Gewalt. Während der Dauer ihres Streites blutete Deutschland aus tausend Wunden, aber nach dem Ende desselben war der siegende Papst nicht weniger erschöpft als der besiegte Kaiser. Völlig verkehrt aber ist es, wenn man deshalb von einem positiven und gesunden Gleichgewichte dieser Gewalten reden will. Ein solches setzt die Möglichkeit des Zusammenwirkens, die Verträglichkeit der Grundinteressen und die Bereitschaft zu allseitiger Mäßigung und Selbstbeschränkung voraus.

Diese Bedingungen aber fehlten dem Verhältniß des Kaisers sowohl zu dem Papste als zu dem deutschen Adel. Mochten die Theoretiker noch so salbungsvoll von der Zusammengehörigkeit der beiden Schwerter, von Lehnstreue und Kaiserherrlichkeit reden: in der Praxis stand völlig unversöhnlich dem schrankenlosen Anspruch des Kaisers der nicht minder schrankenlose des Papstes gegenüber, und wenn Kaiser und Stände sich allerdings in der Sorge für die deutsche Nation hätten vereinigen können, so dachte, diametral auseinander strebend, der Kaiser an sein Weltreich und von der Mehrzahl der deutschen Herren ein jeder an sein Territorium. So war der Kriegsstand zwischen diesen Gewalten permanent; jeder Friedensschluß bildete nur einen kurzen Waffenstillstand, und die Geschichte der Reichsverfassung in dieser Periode ist nichts als die Geschichte einer zweihundertjährigen Zersetzung.

Es ist die vielgepriesene, hochberühmte Zeit der Hohenstaufen, von welcher wir hier reden, und mancher Leser wird ein der gangbaren Ueberlieferung so scharf widersprechendes Urtheil mit Befremden lesen. Allein die Thatsachen sind hier unerbittlich. Wohl ist die staufische Dynastie reicher als jede andere an imponirenden, hochbegabten und willensstarken Persönlichkeiten; ihre Fähigkeiten sind unerschöpflich, ihre Charaktere nicht zu beugen, ihre Ergebnisse bewundernswerth; und der Glanz ihrer Thaten hebt sich doppelt leuchtend ab auf dem dunkeln Grunde ihres tragischen Untergangs. Aber nichts ist gewisser, als daß die deutsche Monarchie schon zu ihrer Zeit ein wesenloser Schemen, ihr kaiserliches Streben von Deutschland hinweggewandt, und jeder große Fortschritt unserer Nation in jener Zeit von ihrer Kaiserpolitik völlig unabhängig war.

Die staufischen Kaiser konnten nicht mehr, wie einst Karl der Große, durch ihre Grafen und Königsboten, nicht mehr wie die Ottonen durch schlechthin abhängige Bischöfe die Verwaltung der Provinzen mit ihrem Herrscherwillen durchbringen. Ihre Stellung war zusammengeschwunden auf eine hohe persönliche Ehre, den Vorsitz auf den Reichstagen, die Ausübung der höchsten Rechtspflege, den Befehl über das Reichsheer, wenn ein solches versammelt war; dazu die Befugniß, Privilegien zu verleihen oder zu weigern, so wie die eröffneten Reichslehn neu zu vergeben. Eine Staatsgewalt in prägnantem Sinne des Wortes wird man einem solchen Machthaber nicht zuschreiben, der für die wichtigsten Interessen seines Volkes nicht mehr sorgen kann noch sorgen soll, der auf Anhänglichkeit und Gehorsam der Nation nur noch rechnen darf, in sofern einige hundert Magnaten es verstatten, der als Bürgschaft für die Treue dieser Magnaten außer ihrem guten Willen nicht mehr eine zweckmäßig organisirte Regierungsgewalt, sondern lediglich verschiedene Mittel diplomatischen Einflusses besitzt. Dies war die Lage der deutschen Monarchie in der staufischen Zeit, eine Lage, bei der, wie man sieht, das monarchische Princip des heutigen Staatsrechts vollkommen zerstört und aufgegeben war. Es ist im höchsten Grade charakteristisch für die Menschen wie für den Zustand, daß eine solche Schwäche im Innern, eine solche Lockerheit des einheimischen Staates den Herrschergeist des ersten wie des zweiten Friedrich nur um so stärker nach Außen trieb, daß sie das Kaiserthum nicht auf eine vorausgehende Herstellung der deutschen Monarchie zu stützen vermochten, sondern umgekehrt die Hülfe für die innere Ohnmacht in weitentlegenen auswärtigen Erfolgen suchen zu müssen glaubten.

Wir bemerkten vorher, daß der entscheidende Umstand für die Niederlage der salischen Kaiser vor Allem die Coalition des römischen Papstes und des deutschen Fürstenadels gewesen war. Einem politischen Scharfblicke, wie jenem Friedrichs, war es von Anfang an klar, daß jede Besserung, jeder Erfolg von der Auflösung dieses Bundes und der Vereinzelung der beiden Gegner abhing. Die französischen Könige hatten, wie wir sahn, in derselben Erkenntniß keinen Augenblick geschwankt, durch alle geforderten Concessionen sich die Freundschaft der Kirche zu erkaufen, und dann im Innern ungestört, Schritt auf Schritt ihren Adel unter das Joch einer wirklichen Monarchie zu beugen. Wie die Dinge lagen, hätte das deutsche Interesse eine gleiche Haltung gefordert, und in der That hatte nach dem Aussterben der Salier Kaiser Lothar diesen Weg zu betreten sich angeschickt. Aber im vollen Gegensatze dazu entschied sich fünfzehn Jahre nach dessen Tode Kaiser Friedrich I., so weit wir wissen, ohne jegliches Schwanken noch Ueberlegen. Nicht im Interesse des deutschen Königthums den Bund der Kirche gegen den Adel, sondern umgekehrt für die Erhöhung kaiserlicher Weltmacht die Freundschaft des Adels gegen die Kirche beschloß er zu suchen. Während er vom ersten Augenblicke seiner Regierung in den Kirchensachen auf das Wormser Concordat zurück griff und Lothars weitern Zugeständnissen jede Rechtsverbindlichkeit absprach, erkannte er im Reiche die Machtstellung des deutschen Fürstenthums mit rückhaltloser, breiter Unumwundenheit an. Er stellte den alten Gegner seines Hauses, den Welfen Heinrich im Besitze zweier Herzogthümer her, verlieh ihm noch dazu die Investitur der Bischöfe im eroberten Wendenland, und gab ihm damit eine wahrhaft königsgleiche Macht. Einst hatten Konrad II. und Heinrich IV. an der niedern Ritterschaft und den Städten sichern Rückhalt gegen die Unbändigkeit der Fürsten gesucht. Diese Zeiten waren vorbei; Friedrich begünstigte überall die Fürsten gegen die Städte und den niedern Adel. Fassen wir Alles zusammen, so hatte der Kaiser auf gebietende Herrschaft in Deutschland verzichtet; er war zufrieden, wenn die thatsächlich beinahe souveränen Fürsten als dankbare Alliirten seine sonstigen Entwürfe unterstützten. Er war nur noch dem Namen nach ein deutscher König, in Wahrheit aber nichts weiter, als der Führer einer möglichst starken Fürstenpartei.

Seine eigenen Zwecke lagen nun außerhalb der deutschen Grenzen, auf dem Schauplatze der alten Kaiserglorie, im Süden der Alpen. Wenn er sich als deutscher König wie kaum einer seiner Vorgänger mit der losen Dürftigkeit der Lehnsmonarchie begnügte, so hatte er aus den Gesetzbüchern Justinians ein volles Bild von der Allmacht der kaiserlichen Gewalt geschöpft, und war entschlossen, dieses vor Allem in Italien zu verwirklichen. Wie man weiß, waren es zunächst die lombardischen und romagnischen Städte, um deren Beherrschung sich ein heftiger und langwieriger Kampf entspann. Die Mehrzahl der deutschen Bischöfe, die sich noch nicht in das neue päpstliche System gefunden hatte, unterstützte dabei den Kaiser ebenso bereitwillig gegen Rom wie gegen

die Lombarden; die deutschen Fürsten, durch die Freundschaft
zwischen dem Kaiser und Heinrich dem Löwen festgehalten, leisteten
Jahr für Jahr ihre Heeresfolge, und mehr als einmal schien der
Sieg sich vollständig und zweifellos für Friedrich zu entscheiden.
Man wird die neuerlich aufgestellte Vermuthung für begründet
halten können, daß Friedrich in seinen italischen Heerlagern Deutsch=
land nicht völlig aus den Augen verlor, daß unter den Zwecken
seiner Thätigkeit in bewußter Deutlichkeit auch der vorkam,
in den italienischen Eroberungen sich zugleich eine schlagfertige
Kriegsmannschaft zu bilden und eine stets bereite Finanzquelle zu
öffnen, und dann mit diesen Kräften endlich auch dem deutschen
Reiche sich wieder als wahren Herrn zu zeigen. Aber ehe
es zu dieser erhofften Zukunft kam, stürzte die vorhandene
Grundlage seines Wirkens zusammen. Heinrich der Löwe, mit
eignen Erwerbungen im slavischen Lande beschäftigt und von
Mißtrauen gegen den Kaiser erfüllt, weigerte den ferneren Zuzug
nach Italien, und Friedrich büßte sofort an einem einzigen Schlacht=
tage gegen die Lombarden alle Früchte der bisherigen Anstren=
gungen ein. Nun erschien allerdings an keiner andern Stelle die
persönliche Größe des alten Helden in so strahlendem Lichte, wie
in diesem Augenblicke der furchtbarsten Niederlage. Er besaß
jene höchste Kraft des herrschenden Staatsmannes, das hoffnungslos
Gewordene mit rascher Fassung aufzugeben, und dann mit uner=
schütterlichem Muthe neue Wege zu dem einmal begehrten Zwecke
zu suchen. Mit dem lombardischen Plane brach er ohne Zaudern
auf immer. Ohne einen Moment zu verlieren, ließ er sich zu
nachgiebiger Unterhandlung mit dem Papst und den Städten herbei,
verzichtete auf jedes Markten und Feilschen und brachte auch die
härtesten Opfer dem nothwendigen Friedensschlusse mit heiterer
Miene. Er resignirte sich weiter, die Lombardischen Städte fortan mit
demselben Maaße wie die deutschen Fürsten zu messen, auf eigent=
liche Herrschaft zu verzichten, und sich auf ihre freie Freundschaft
zu stützen. Mit solcher Sicherheit und Geschicklichkeit trat er in
diese neue Haltung ein, daß schon nach wenigen Jahren die Füh=
rerin der städtischen Opposition, das starke Mailand, seine warme

Verbündete geworden war. Bereits aber hatten sich damals seine Pläne weiter entwickelt. Wie er früher neben dem schwachen deutschen Thron auf eine Militärherrschaft in der Lombardei gedacht hatte, so sann er jetzt, nach dem Verluste der Lombardei, auf einen weitern Stützpunkt im Süden Italiens. Es gelang ihm in der That, die Erbtochter des Normannenreiches in beiden Sicilien seinem Sohne Heinrich zu vermählen, und durch diese Heirath die Beherrschung Unteritaliens, an welcher die Waffen der Ottonen und der Salier stets gescheitert waren, dem Kaiserthum zu sichern. Als er wenige Jahre später nach Palästina zog, um sein ruhmreiches Leben in den Wellen des Seleph zu beschließen, hinterließ er eben diesem Sohne die kaiserliche Herrschaft im Abendlande.

Wir müssen an dieser Stelle die Entwicklung der Thatsachen einen Moment unterbrechen, um uns bei dem Beginne der letzten Katastrophe noch einmal mit den Gegnern unserer Auffassung auseinanderzusetzen. Bis hierhin nämlich erscheint bei Hrn. Ficker die Politik des Kaiserthums als das Ideal einer normalen Staatsweisheit, die damit erzielte Verfassung als das Muster eines gesunden politischen Zustandes[1]). Da nun aber fünfzig Jahre später dieses unübertreffliche System in völligsten Schiffbruch endigt, so empfindet auch er allmählich das Bedürfniß, eine Ursache für eine so plötzliche Katastrophe aufzusuchen, und findet dieselbe — es verlohnt sich darauf zu achten — in dieser unglückseligen Erwerbung des Königreichs beider Sicilien. Er erörtert vor Allem, als der eigentliche und bleibende Bestand des Kaiserreichs sei Deutschland, Burgund und die Lombardei zu betrachten; hier und da habe vielleicht einmal ein Kaiser einen Gedanken an weitere Erwerbungen

---

[1]) Einen beinahe drolligen Beleg für die Trefflichkeit dieser Verfassung gibt der erste Band seines „Reichsfürstenstandes". Der Verf. prüft hier auf mehreren hundert Seiten, mit höchster Belesenheit, mit eindringendem Scharfsinn, mit zweifelnder, widerlegender, abwägender Gelehrsamkeit, wer damals in Deutschland zum Fürstenstande gehört habe. Seine Ergebnisse sind durchgängig sehr plausibel, aber mit nichten überall abschließend. Wer zu der höchsten, der regierenden Classe im Reiche gehörte, weiß auch heute mit ganzer Sicherheit kein Mensch; das Ideal eines Rechtsstaates, wie man sieht, wenigstens für den Rechtshistoriker, ungefähr wie ein verwickelter Proceß eine Freude für die Advokaten ist.

gehabt, doch sei das immer nur eine vorübergehende Aufwallung gewesen, und nichts sei verkehrter, als nach solchen momentanen Ausnahmen das Urtheil über jenes regelrechte Kaiserreich zu bemessen. Dieses zeige nun ein bewundernswerthes Gleichgewicht der Gewalten; der Kaiser als Gebieter des deutschen, burgundischen und lombardischen Landes habe ganz Europa imponirt; der Papst als Souverain des Kirchenstaats und Lehnsherr Neapels sei gerade stark genug gewesen, den Kaiser von freiheitsmörderischen Uebergriffen abzuhalten, ohne jemals den Bestand der kaiserlichen Macht gefährden zu können. Dieses System habe alle Garantien der Dauer gehabt, und hätte zum Heile Europa's unter allem Wechsel der Verhältnisse bis auf den heutigen Tag bestehen können. In der That sei es nach der Richtigkeit seiner Anlage aufrecht geblieben, so lange die Kaiser nicht selbst jene Grundlagen verlassen; es sei eben eine „durch und durch gesunde Gestaltung" gewesen, befähigt, „die schwierigsten Aufgaben der Staatskunst in kaum wieder erreichter Weise zu lösen". Da habe denn Friedrich I. durch die Erwerbung Siciliens jenes Gleichgewicht leider zerstört, und das Kaiserreich sei durch diese verhängnißvolle Uebertreibung zu Grunde gegangen. Wäre die Annexion Neapels unterblieben, so lebte das Kaiserreich heute noch!

Die Zeit, in welcher der Normannenstaat in Neapel bestand, war bekanntlich die Periode von Gregor VII. bis ungefähr auf Innocenz III., eben die Periode, in welcher das Papstthum seinen Anspruch auf Weltherrschaft geltend machte, das Kaiserthum als Reichsregierung neutralisirte und zur Stellung einer fürstlichen Parteiführung erniedrigte, und endlich den überwundenen Erbkreis der eigenen Lenkung unterwarf. Dieser Abschnitt unserer Kaiserzeit ist es also, dessen Zustand Ficker als die „durch und durch gesunde Gestaltung" bezeichnet; dies ist das normale Gleichgewicht, von dem er beklagt, daß es nicht bis auf den heutigen Tag fortbauert. Nun bedarf es nach dem früher Angeführten nicht erst der Bemerkung, daß seine Voraussetzungen lediglich in seiner Einbildung existiren. Als das Kaiserthum unter den Ottonen und Saliern noch innere Kraft besaß, dachte es nicht an die tugendhafte Beschräntung auf die Lombardei und Burgund, sondern griff, seinem Princip entsprechend, auf allen Seiten, gegen Frankreich, Polen, Ungarn, Neapel, so weit um sich, wie sein Arm nur reichen mochte. Als es aber zur staufischen Zeit durch bittere Nothwendigkeit ungefähr auf den von Hrn. Ficker bezeichneten Wirkungskreis, die Lombardei und Burgund, beschränkt war, da hatte es durch die päpstliche Erhebung auch in Deutschland alle prägnante Herrscherkraft eingebüßt, lebte von der freien Gunst der Fürsten und griff auf die alten Pläne gegen Neapel als erstes Herausarbeiten aus völliger Ohnmacht zurück. Unsererseits haben wir nicht das Mindeste gegen den Satz einzuwenden, daß die Erwerbung Neapels außerhalb aller deutschen Interessen lag, aber um so bestimmter müssen wir dann auch betonen, daß alle Vorwürfe, welche Ficker den spätern Hohenstaufen macht, dann in gleichem Maaß auf Heinrich III. und Otto I., daß sie auf die von Anfang bis zu Ende sich selbst gleiche Kaiserpolitik, auf deren Kern und Grundlagen, auf das Princip des ganzen Institutes passen. Es ist — wir gebrauchen gerne das mildeste Wort — es ist in seltnem Grade komisch, wie Hr. Ficker Mücken seiget und Kameele verschlingt, wie er in der höchst legalen Erwerbung Neapels durch Heinrich VI. die ehrsüchtige Störung und in der ehrsüchtigen Einmischung der Ottonen in aller Herren Länder die ächte Grundlage der „durch und durch gesunden Gestaltung" erkennt. Es klingt wie der „reine Widerspruch, der gleich geheimnißvoll für Weise wie für Thoren". Aber freilich, wer ihm nicht Unrecht thun will, wird bald genug erkennen, an welcher Stelle sich für ihn der Widerspruch harmonisch auflöst. Hat er doch das Seinige gethan, sie deutlich genug zu bezeichnen, er, der als das organische Gleichgewicht und die normale Gesundheit nichts anderes als das System Gregor VII. und Innocenz III. verkündigt. Was zu diesem gesunden Gleichgewicht, oder, wie andere Menschen es nennen, zu der päpstlichen Weltherrschaft geführt hat, wird er loben: also erfreut sich die weltumfassende Politik der Ottonen seines unbedingten Beifalls. Die Staufer aber suchten sich durch die Erwerbung Neapels eben der erdrückenden päpstlichen Uebermacht zu entziehen, also störten sie das gesunde Gleichgewicht, und finden keine Gnade bei dem sonst so gut kaiserlichen Historiographen.

Wir bekennen, läge für uns ein Zweifel an der Richtigkeit unserer Auffassung vor, er müßte verschwinden, nachdem wir die Gegner auf solche Auskunftsmittel reducirt sehn. Um einigen Schein für das Lob der Kaiserpolitik zu gewinnen, müssen sie die Zeiten Gregors und Innocenz als die gesunde Blüthe des deutschen Reiches feiern. Um die Kaiser von dem Vorwurf einer maaßlosen Eroberungssucht zu reinigen, müssen sie von einem nie vorhandenen Normalbestand, von einer nie eingehaltenen Selbstbeschränkung des Reiches auf Burgund und Oberitalien träumen. Glücklicher Weise wird die deutsche Nation sich ebenso wenig für ihre gesunde Priesterherrschaft begeistern, wie die Wissenschaft für ihre ungesunden Einbildungen interessiren. Treten wir wieder auf den Boden der Wirklichkeit hinüber.

Heinrich VI. blieb für Deutschland zunächst in dem Systeme des Vaters. Seine Stellung als Parteihaupt zeichnete sich höchst bestimmt: an der Spitze der südwestlichen Lande des Reiches hielt er sich in überlegener Macht gegenüber den abgeneigten Großen des Niederrheins und Sachsens, verhinderte jede offene Auflehnung, erhielt militärischen Zuzug, machte aber für jetzt noch keinen Versuch zu einer bessern Reichsverfassung. Mit desto größerer Energie aber ging er in Italien vor, unterwarf sich Neapel und Sicilien mit eiserner Hand, und freute sich des päpstlichen Protestes, der ihm Anlaß gab, von Neapel her den größten Theil des Kirchenstaates militärisch zu besetzen und finanziell auszubeuten. Mit diesen Schätzen vermehrte er die Zahl seiner deutschen Anhänger, scheiterte aber trotzdem, als er jetzt einen Versuch machte, die Erblichkeit der deutschen Krone wieder herzustellen. Desto weiter griffen von der italienischen Basis seine weltherrschenden Gedanken umher. Schon früher hatte er den gefangenen Richard von England zur Leistung des Lehnseides genöthigt; jetzt warf er seine Blicke auf Africa und Griechenland, auf Kleinasien und Syrien. Es ist bezeichnend, daß trotz seiner Spannung mit dem

Papste die geistlichen Geschichtschreiber seiner Zeit diesen letzten Kaiser im alten Sinne des Wortes auf das höchste feiern. Er war der letzte. Nach seinem frühen Tode rief Papst Innocenz III. die Italiener zur nationalen Erhebung gegen die deutschen Barbaren auf, verjagte des Kaisers Ritter aus dem Kirchenstaat, zerstörte den deutschen Einfluß in der Lombardei und setzte mit den Waffen seine vormundschaftliche Regierung über Neapel und des Kaisers Sohn gegen die deutschen Beamten durch. In Deutschland vermochte die staufische Partei nicht, eine zwiespältige Wahl und die Erhebung eines Gegenkönigs zu verhüten; ein jammervoller achtjähriger Bürgerkrieg verheerte auf's Neue den größten Theil des Reiches, und fraß durch seine Kosten beinahe vollständig das staufische Hausgut. Als dann nach vielfachen Wechselfällen 1214 der junge Friedrich II., von Sicilien hereneilend, die Krone davontrug, überzeugte er sich auf der Stelle, daß hier von monarchischer Gewalt auch nicht der Schatten mehr vorhanden war. So wiederholte er in erweitertem Maaße die Haltung seines Großvaters. Durch die umfassendsten Concessionen, welche zunächst die geistlichen und weiterhin auch die weltlichen Fürsten zu wahren Landesherrn machten, erlangte er von ihnen die Wahl seines jungen Sohnes Heinrich zum römischen König. Auf den Namen dieses Kindes übertrug er dann die sogenannte Regierung des deutschen Reiches, deren nominelle Fortdauer er möglich machte, indem er die hervorragenden Fürsten beider Parteien bei der Regentschaft betheiligte. Er selbst ging nach Neapel zurück, und hat dann, mit Ausnahme weniger Jahre sein Leben in den italienischen und kirchlichen Streitigkeiten zugebracht. Deutschland nahm an diesen, an den letzten Thaten und Leiden des Kaiserthums, keinen Antheil weiter. Während der Kaiser sich möglichst enge an Frankreich anschloß, richteten sich alle Sympathien der Reichsregentschaft nach England. Als Friedrich einmal ein Reichsheer zur Romfahrt aufbot, kam im Ganzen eine Macht von 150 Rittern zusammen. Als sein Streit mit Papst Gregor IX. ausgebrochen war, und dieser die Fürsten aufforderte, einen andern Kaiser zu wählen, sonst werde er die Kaiserwürde einer andern

Nation übertragen, da antwortete Herzog Ludwig von Bayern: wollte Gott, daß dem deutschen Volke diese Erlösung zu Theil würde, wie gerne würde ich auf meine beiden Wahlstimmen verzichten. In gleichgültiger Theilnahmlosigkeit sah die Nation dem Sinken der staufischen Sache in Italien zu; lange Zeit wollte sie den Kaiser ebenso wenig unterstützen wie bekämpfen; als dann endlich die unabläſſigen Bemühungen der Curie wieder einen Gegenkönig zu Stande brachten, hielt sich der größte Theil des Reiches von dem Haber entfernt, und nur am Rheine wurde einige Jahre gestritten, bis endlich Friedrichs Sohn und Enkel aus freien Stücken nach Neapel hinübergingen, und dort in frühem Tod den Blicken des deutschen Volkes verschwanden.

Die Consequenz der Thatsachen hatte sich vollzogen: die theokratische Weltherrschaft war von dem heiligen Kaiser an den gekrönten Priester übergegangen. Innocenz III. zählte drei Könige unter seinen Vasallen, bezog Steuern aus allen Reichen von jeder Kirche des Abendlandes, sandte zahlreiche Armeen nach Spanien, Südfrankreich, Sicilien, Constantinopel. Ein halbes Jahrhundert wachsenden Bestandes war dieser Weltmacht vergönnt, ein Menschenalter mehr als einst der karolingischen, ottonischen oder salischen. Dann erhob sich auch gegen sie die Eigenartigkeit der Völker und der Freiheitsdrang der Geister, und sie sank in nicht weniger raschen Verfall als einst unter ihren Schlägen das Kaiserthum deutscher Nation.

Deutschland aber als politischer Organismus betrachtet, trat aus seiner „Kaiserzeit" in völligem Bankerott hervor. Es gab noch den Namen eines Reiches, aber eine wirksame Staatsgewalt existirte nicht mehr. Die leitenden Fürsten boten die Krone aus, um sich für ihre Wahlstimme goldne Handsalbe entrichten zu lassen; es ist die Zeit, in der jener Bischof von Olmütz die Anklage, die einst Liutprand gegen die Italiener gerichtet, in Bezug auf die Deutschen wiederholt hat. In dem größten Contraste mit diesem Verfalle der politischen Form stand dagegen die schwellende Lebenskraft des nationalen Gehalts, und kein schlagenderer Beweis für die Schädlichkeit der Kaiserpolitik läßt sich beibringen, als das Aufblühn der bedeutendsten Interessen nach ihrem Sturze trotz der mit dem 13. Jahrhundert hereingebrochenen politischen Anarchie. Im Innern litt allerdings die Wissenschaft unter der Unruhe der Verhältnisse und der Unsicherheit des Rechtszustandes; und auf dem moralischen Gebiete wiederholte sich die Erscheinung, die wir schon in der karolingischen Zeit beobachteten, daß mit der Macht der Hierarchie die Ausgelassenheit der Sitten in gleichem Verhältniß gewachsen war. Dafür bewies die Nation ihre praktische Kraft in einer Entfaltung der Gewerbe und des Handels, welche für zwei Jahrhunderte Deutschland an die Spitze der maritimen Völker Europa's setzte, und unser Land commerciell wie geographisch zum Bindeglied des Ostens und Westens, des Nordens und Südens machte. Und diese materielle Erhebung verband sich zugleich mit einem Schönheitssinn, der mehrere Menschenalter hindurch die Grenze zwischen Kunst und Handwerk völlig verwischte, und in der Architectur und Ritterpoesie sich zu Erzeugnissen ewiger Dauer und weltgeschichtlichen Glanzes entwickelte. Nach Außen aber wurde jetzt durch die Kraft der Einzelnen und die Bewegung der Massen vollendet, was Karl und Otto und Heinrich III. immer neu begonnen und die Nachfolger derselben immer wieder hatten zu Grunde gehn lassen, die bleibende und vollständige Germanisirung des Ostens, in Mecklenburg und Pommern, Brandenburg und Preußen, Schlesien und halb Böhmen, Steyermark und Siebenbürgen. Den entscheidenden Wendepunkt dafür hatte Heinrich der Löwe gegeben, zuerst ohne kaiserliche Hülfe, dann in offenem Gegensatze zur Politik Friedrich I. Er selbst war freilich dem strafendem Gerichte des Kaisers und dem grollenden Neide seiner Vasallen und Nachbarn erlegen: aber was er verkündet hatte, blieb seitdem der herrschende Zug der Nation, die kategorische Abwendung von den nutzlosen Romfahrten, um alle überflüssige Kraft auf das näher liegende, fruchtbare Feld zu ergießen und dort den Keim für die leitenden Mächte der deutschen Zukunft zu pflanzen.

Wir haben schon oben einmal von der Phrase geredet, welche die Verehrer des Kaiserreichs zu wiederholen lieben, daß ohne

diese Weltregierung des gesammten Occidentes der Kreis der
germanischen und romanischen Völker gegen die Angriffe des Aus-
landes, sei es der muhamedanischen Welt, sei es der nordischen,
slavischen, magyarischen Helden nicht hätte bewahrt werden können.
Hier, wo wir die vier Jahrhunderte der Kaiserzeit abschließend
übersehn können, erhellt der gänzliche Ungrund dieses Satzes.
Die einzige auch nur scheinbare Thatsache, die sich dafür bei=
bringen läßt, ist die Bedrängniß der fränkischen Reiche nach
der Zerrüttung der karolingischen Macht: ein Verhältniß, welches
in der That nichts beweist als die gar nicht erst zu erweisende
Wahrheit, daß ein Weltkaiserthum besser ist als eine allgemeine
Anarchie, welches aber nicht das Mindeste mit unserer Frage zu
thun hat, ob eine solche Universalmacht oder ob nationale Staats=
gewalten für das Gedeihn der Völker wirksamer sind. Sehn wir
uns nun sonst nach den entscheidenden Siegen unserer Nationen über
Saracenen und Barbaren um, so hat den Islam aus Gallien
zurückgeworfen Karl Martell und nicht das Kaiserthum, so hat
den Magyaren König Heinrich die entscheidende Niederlage beige=
bracht, und nicht das Kaiserthum, so hat die Araber aus Süd=
italien das Normannenschwert verdrängt, und nicht das Kaiser=
thum, so hat endlich die Colonisirung des deutschen Ostens das
deutsche Volk vollbracht, und nicht das Kaiserthum. Und bei=
läufig bemerkt, die Rivalin des Kaiserreichs um die Weltmacht,
die römische Curie, hat sich in diesen auswärtigen Angelegenheiten
der Christenheit nicht befähigter gezeigt als ihr kaiserlicher Gegner.
Von 1099 bis 1250 hat sie die Kräfte Europa's für die Kreuz=
züge in Bewegung gesetzt; niemals aber sind größere Heeresmassen
für eine schlechter gestellte Aufgabe elender geleitet und nutzloser
hingeopfert worden. Für Ruhm und Sicherheit nach Außen
haben diese Weltherrscher nicht mehr geleistet als für Freiheit
und Bildung im Innern. So erscheint überall dasselbe Ergebniß.
Wie furchtbar die Vergeltung war, welche über das deutsche Reich
als den Hauptträger der kaiserlichen Weltmacht hereinbrach, wie
lange die politische Anarchie in Folge des päpstlichen Sieges

auf ihm lastete: immer war es ein Glück für die Welt und die erste Grundlage eines europäischen Fortschrittes, daß die beiden „Schwerter" im Kampfe gegen einander abgestumpft, und durch den Ruin der theokratischen Gewalten neue nationale Bildungen möglich geworden waren.

Nationale Bestrebungen. Wiedererhebung des Kaiserthums.

Nach dem Tode Karls des Großen brauchte Deutschland ein volles Jahrhundert bis zur politischen Herstellung unter dem ersten Heinrich. Fast die doppelte Zeit verging nach dem Falle des staufischen Kaiserthums, bis die Nation sich eine neue Verfassungsform herausgearbeitet hatte. Es ist unthunlich, an dieser Stelle alle Fäden dieser nur zu verwirrten Bestrebungen zu verfolgen; es ist aber möglich und nöthig, die Hauptgesichtspunkte hervorzuheben.

Die nationale Staatsgewalt war auf die tiefste Nichtigkeit zurückgebracht. Da die Substanz des Volkslebens aber ihre Kraft bewahrt hatte, so begann das Werk der Reproduction auf der Stelle, an hundert Punkten, in mannichfaltiger Richtung. Eine Zeitlang war es zweifelhaft gewesen, ob das Reich auch nur dem Namen nach wieder Könige erhalten sollte, hier war es vornehmlich eben die Kirche, welche das starke Kaiserthum zertrümmert hatte, welche jetzt ein Gegengewicht gegen die Willkür der Fürsten bedurfte, und demnach die nominelle Fortbauer der monarchischen Form entschied. Eine rasche und planmäßige Herstellung aber irgend einer Reichsgewalt, welche diesen Namen verdient hätte, war nicht so leicht zu erzielen.

Da im Gegentheil die mächtigste Classe der Einwohner, die Fürsten, ein bestimmtes Interesse gegen jeden Versuch dieser Art hatte, so konnte ein solches Ergebniß nur die Folge langer, thatsächlicher Entwicklung sein. Hier war nun eine doppelte Möglichkeit gegeben.

Entweder konnte es irgend einem unter den Machthabern gelingen, seine territoriale Gewalt so weit zu steigern, daß er allmählich die Andern sämmtlich unter seine Hoheit beugte, und damit thatsächlich die deutsche Monarchie erneuerte. Oder die Herstellung vollzog sich von unten auf in dem Wege der Einung, so daß eine Genossenschaft sich an die andere schloß, ihr Bündniß endlich alle Glieder des Reiches umfaßte, und die Statuten desselben damit eine neue Reichsverfassung darstellten. Wir finden nun, daß vom ersten Augenblicke beide Tendenzen neben einander wirksam waren, zuweilen sich unterstützend, häufiger sich kreuzend und befeindend, und so das ersehnte Ziel von Jahr zu Jahr hinausrückend.

Für die Erhöhung einzelner Fürstenhäuser bot noch immer der Besitz der Königs- oder Kaiserkrone ein sehr ausgiebiges Mittel, vermöge der persönlichen Ehre, die sie dem Inhaber übertrug und dem Rechte der Verleihung eröffneter Reichslehn. Durch jene fand er den Zugang zu folgenreichen Ehebündnissen, durch diese die Möglichkeit, seine Verwandten und seine Dynastie mit wichtigen Territorien zu bereichern. Mit diesen Mitteln gewann das Haus Habsburg Oesterreich und eine erste Anwartschaft auf Böhmen, es erlangte weiterhin das Haus Wittelsbach für einen Augenblick Tyrol, Brandenburg, Holland, Seeland, Hennegau, es vereinigte auf längere Zeit das Haus Luxemburg die Herrschaft über Böhmen, Mähren, Schlesien, Brandenburg, Ungarn. Ein Besitz, wie der letztgenannte hätte unter günstigen Verhältnissen die Möglichkeit gewährt, auf seinem Grunde die Hoheit des Reiches in der kräftigsten Weise wieder aufzubauen.

Daneben wimmelte das Reich im 14. Jahrhundert von Associationen der verschiedensten Art. Bald hatten sie vorübergehenden Charakter, wie die Abreden eines Landfriedens in einem Bezirke auf gewisse Zeit. Bald zeigten sie bleibenden Bestand innerhalb eines Territoriums, wie die Corporationen, in denen die Landstände sich gegenüber dem Fürsten geltend machten. Bald erstreckten sie sich weit durch mehrere Territorien hindurch, wie der Verein der friesischen Bauerschaften, der geschworene Bund der schweizer Bauern und Städte, die mächtige Genossenschaft der Hansa, die Gesellschaften des ritterlichen Adels, die zahlreichen, stets wechselnden Bündnisse der Fürsten, der immer fester zusammenschließende Verein der Churfürsten.

Alle diese Einigungen waren in unaufhörlicher Bewegung, anwachsend, zerfließend, neu emporstrebend, unaufhörlich die eine gegen die andere thätig, hier für die Unterstützung dort zur Bekämpfung des Königthums unter den Waffen. Welche politische und militärische Bedeutung damals die Form der Association besaß, erhellt sattsam aus den Erfolgen der Hansa im Norden und der Eidgenossenschaft im Süden; jede derselben erhob sich zu europäischer Macht; es war offenbar keine Chimäre, auf dem Wege der freien Einigung die Restauration des Reiches anzustreben.

Unter all diesen Wirren und Kämpfen war das nationale Bewußtsein so bestimmt wie niemals früher entwickelt und in allen Classen verbreitet. Das alte Kaiserthum hatte das seinige dazu beigetragen, indem es den Deutschen eine Zeitlang das Gefühl der herrschenden Nation in Europa gegeben hatte: dazu war jetzt eine große Literatur in deutscher Zunge gekommen, die seit dem 14. Jahrhundert immer mehr auch die niedern Stände berührte und erfüllte; in den Colonien des Ostens fanden sich Elemente aller deutschen Stämme in gemeinsamem Gegensatze zu den unterlegenen oder verdrängten Slaven; wie in der Literatur gewann auch in den Staatsgeschäften die nationale Sprache die Oberhand über die kirchliche. Seit Gregor VII. bis zum Sturze der Hohenstaufen hatte die Entwicklung der Welt sich in der Richtung bewegt, alle Staaten in dem Weltreich der lateinischen Christenheit aufzulösen; jetzt begann die entgegengesetzte Strömung auf Zersetzung dieser weiten Einheit nach den besondern Nationalitäten, sofort mit großem Erfolge in Frankreich und England, und wenigstens mit nachhaltiger Kraft auch in unserem Vaterlande.

Einen großen politischen Ausdruck gewann sie zum ersten Male in der Zeit Kaiser Ludwig des Bayern. Dieser Fürst stieg mit geringer Hausmacht auf den deutschen Thron, lange Zeit ohne Aussicht, ihn zwischen den mächtigern Habsburgern und Luxemburgern zu behaupten, noch dazu von dem Papste und dessen Organen auf das heftigste angefeindet. Er war kein hervorragender Geist, und noch weniger ein großer Charakter, aber er hatte Willenskraft genug, den Streit aufzunehmen und besaß hinreichende Einsicht, um seine natürlichen Verbündeten zu erkennen. Gegen Friedrich von Oesterreich, den König des ritterlichen Adels, stützte er sich auf die Freundschaft und Beihülfe der Städte: gegen den Haß des von Frankreich geleiteten Papstes schirmte er sich durch Anrufung des nationalen Gedankens. Mit unvermutheter Kraft erhob sich, wie etwas früher in Frankreich, so jetzt auch in der Umgebung des deutschen Königs, eine politische Literatur, welche den vollsten Protest gegen das theokratische System einlegte, und dem Staate als höchsten Beruf, nicht wie einst Kaiser Karl und Otto den Schutz der römischen Kirche, sondern nach dem Muster des Aristoteles die Pflege des Volkes und die nationale Wohlfahrt zuwies. Wenn der Papst kraft seiner geistlichen Machtvollkommenheit den Ludwig, den man den Bayern nenne, vor sein Gericht geladen, und von seiner Bestätigung die Führung des königlichen Amtes abhängig erklärt hatte, so fanden die deutschen Publicisten, daß der König sein Recht einzig von seinem Volke, nach dem Beschlusse des größeren und besseren Theiles, erhalte, und wo solch ein Beschluß, wie hier in der Wahl der Churfürsten vorliege, habe die Stimme jedes Fremden, auch wenn er Papst wäre zu schweigen. Wie man sieht, trat diese Staatslehre, welche die Mehrheit der Churfürsten ohne Weiteres als Ausdruck und Vertretung der Nation anerkannte, nicht gerade radical und im Sinne des allgemeinen Stimmrechts auf: immer aber lag ihr eine populare Tendenz zum Grunde, und wie die Freiheit der Nation gegenüber dem päpstlichen Weltstaate, so stellte sie auch das Princip der Majorität jenem der Autorität mit vollem Nachdruck entgegen. Eine solche Verbindung demokratischer und nationaler Stimmungen lag hier unabweislich in den Verhältnissen. Der Zustand, aus welchem die Nation und ihr König sich empor zu ringen suchten, war einst herbeigeführt worden durch das Bündniß des Papstes mit dem deutschen Fürstenabel; sein Ergebniß war die päpstliche Weltmacht und die Ungebundenheit jedes hochadlichen Herrn; die Kirche selbst war mit Ausnahme der Bettelmönche in ihrem ganzen Bestande adlich geworden. So war die Parteistellung auf das Deutlichste bezeichnet. Wie Clerus und Adel, oder wenn man will, wie Papstthum und Junkerthum auf der einen, so fanden sich König und Volk und wer von den Fürsten das nationale dem Standesinteresse vorzog, auf der andern Seite zusammen. Einen Moment vereinigten sich sämmtliche Churfürsten in dieser Gesinnung um den Thron; während die Städte des Reiches von Anfang an Ludwigs beste Anhänger gewesen, und die Volksmassen aller Lande durch die Bettelmönche gegen die Habgier und Herrschsucht der hohen Prälaten in Bewegung gesetzt waren. Alle Elemente zu einer siegreichen Erhebung des nationalen Königthums waren vorhanden. Unglücklicher Weise war Ludwig der Bayer einer solchen Aufgabe persönlich bei Weitem nicht gewachsen. Tapfer und gutmüthig, aber auch weich und erregbar nach allen Seiten kam er nie zu einem ganzen Entschlusse, zu vollem Ueberblick und fester Beständigkeit. Sein Verstand begriff das Heraufsteigen einer neuen Zeit, sein Herz war noch erfüllt von den Affecten des alten Zustandes. Indem er dem Papstthum die Freiheit der nationalen Krone abzuringen suchte, fürchtete er im Stillen von dem päpstlichen Fluche die ewige Verdammniß. Indem er die Constituirung einer ächten Reichs- und Staatsgewalt anstrebte, konnte er sich nicht versagen, in alter Fürstenart nach rechtloser Vergrößerung seines Hauses zu trachten. So ging sein Leben in stetem Wechsel geräuschvoller Erhebung und nichtigen Ergebnisses dahin.

Sein Nachfolger, Kaiser Karl IV., war eine Natur von anderem Stoffe. Ein besonnener, überall nüchterner Praktiker, ein kluger Rechner, ein vorsichtiger Haushalter, ein unbarmherziger Realist. Erfüllt von dem Sinne für Macht und Zucht und Ordnung, sah auch er, daß die Kirche und das Reich einer Reform bedürften, daß jene durch die Weltherrschaft verweltlicht, dieses durch die Anarchie zerrüttet sei. Aber es erschien ihm höchst verkehrt, sich deshalb mit den Gewalten des vorhandenen Zustandes in offene, allseitige Feindschaft zu setzen; er machte gerade den umgekehrten Versuch, durch eine Coalition mit den Mächtigsten eine neue Reichsverfassung zu Stande zu bringen. Dies ist der leitende Gedanke seines berühmten Grundgesetzes der goldenen Bulle. Es ordnete die Königswahl durch die Mehrheit der Churfürsten, gab diesen die wichtigsten Vorrechte für ihre Territorien, und lud sie ein, alljährlich mit dem Kaiser die Reichsangelegenheiten zu berathen. Es war damit ein Keim gelegt, aus dem sich, nachdem das Königthum für sich allein zur Reichsregierung zu schwach geworden, eine neue Reichsgewalt in dem Churfürstencolleg unter Vorsitz des Kaisers hätte entwickeln können.

Es blieb aber auch dieses Mal bei den Worten. Karl selbst band sich nicht an die Vorschriften der Bulle, wo sie ihm gerade unbequem waren, der Papst eiferte dagegen, die Fürsten zeigten schwaches Interesse. Karls Nachfolger, König Wenzel, fand die Zerrissenheit und Unordnung in Deutschland so groß wie jemals früher, ja noch gesteigert, da zugleich die Kirche durch das Schisma, die wechselseitige Befehdung zweier Gegenpäpste und das Auftreten der Ketzereien Wycliffe's und Hus' in das heftigste Schwanken gerieth. Dem lebhaften, rechtschaffenen, aber sinnlichen und unbesonnenen Jüngling waren diese endlosen Händel zuwider. Auf dem Sterbebette hatte ihm sein schlauer Vater die drei Rathschläge gegeben: spare dein Geld, halte dich gut mit den Pfaffen und sei der deutschen Fürsten Freund. Er schlug sie am ersten Tage in den Wind, begünstigte den berühmten und frommen Hus, und schenkte in Deutschland nicht den Magnaten, sondern den Städten seine Sympathie. Nicht ohne Erfolg machte er den Versuch, die verschiedenen Associationen im deutschen Südwesten zu vereinigen, und auf dem Wege einer solchen Bundesverfassung das Reich in neuer Weise zu organisiren. Allein nach wenigen Jahren wurden seine Pläne durch einen heftigen Conflict zwischen Städten und Adel zersprengt, und durch die Niederlage der Städte die Reichsverfassung und der König selbst zu völliger Nichtigkeit verurtheilt. Es folgte eine Zeit der ärgsten Verwirrung und Auflösung, in der Kirche drei Päpste, in Deutschland drei Könige, dann nach Beendigung des kirchlichen Schisma und der Anerkennung des Kaiser Sigismund die furchtbare Revolution der Hussiten, welche ihre siegreichen Waffen durch halb Deutschland trugen. Der Boden des mittelalterlichen Daseins erzitterte in seinen Fundamenten.

Das Uebermaaß der Noth schärfte dann den Trieb der Besserung. Wie die Reform der Kirche wurde auch die Erneuerung der Reichsverfassung das feste Thema aller fürstlichen Versammlungen. Zu Sigismunds Zeit führte dies zu dem großen Baseler Concil, zu einer Kriegs- und Kriegssteuer-Ordnung. Ehe aber etwas entschieden war, starb Sigismund, und seine Nachfolger, die Habsburger Albrecht II. und darauf Friedrich III., fanden lange Jahre über ungarischen und böhmischen Händeln keine Zeit, in die deutschen Angelegenheiten einzugreifen. So weit das Reich überhaupt bestand, wurden seine Geschäfte von den Churfürsten besorgt: dazu hatte, mehr als die Vorschrift der goldnen Bulle, die Noth der Hussitenkriege geführt. In der Sache hatten die Wenigsten von ihnen ein wahrhaft patriotisches Interesse, der Gedanke an ihre dynastische und territoriale Macht überwog bei Weitem den nationalen. Es ist darum nicht weniger merkwürdig, wie sie in ihrer Mehrheit sich zu den großen Fragen der Kirchen- und der Reichsverfassung stellten. Fort und fort wiederholt sich aus diesen Kreisen das Begehren, daß der fremdländische Einfluß der römischen Curie, insbesondere in ihren finanziellen Vorrechten beschränkt, so wie daß an die Stelle der bisherigen Anarchie ein geordnetes, gemeinsam von Kaiser und Fürsten zu führendes Reichsregiment gesetzt und dieses mit Erhaltung des Landfriedens im Innern und Lenkung des Kriegswesens nach Außen beauftragt werde. Mochten die Motive der Antragsteller sein, welche sie wollten: es ist einleuchtend, daß solche Schritte in jedem Falle die Sache der nationalen Reform befördern mußten. In den Jahren 1440 bis 1464 wurde über diese Dinge unaufhörlich verhandelt, und mehr als einmal schien die Krisis mit unwiderstehlichem Nachdruck ihren Verlauf nehmen zu wollen.

Allein nicht so leicht waren die alten Gewalten aus ihren

Wurzeln zu heben. In der großen Parteigruppirung trat eine neue, äußerst folgenreiche Wendung ein. Kaiser und Papst, deren Vorgänger Jahrhunderte hindurch um die erste Stelle in dem geistlich=kriegerischen Weltstaat gekämpft hatten, wurden inne, daß es sich jetzt um die Existenz ihres ganzen, gemeinsamen Bodens handele. Die tiefe Gleichartigkeit der beiden Würden trat nach der langen Rivalität wieder in den Vordergrund. Der Kaiser und der Papst wurden gleich sehr durch die ständischen Forderungen und den nationalen Ruf nach Reform belästigt, und traten zur Erhaltung des Bestehenden in die engste Verbindung. Unterstützt durch das Factionstreiben unter den deutschen Fürsten selbst gelang es ihnen, den Angriff, zuerst des Baseler Concils, dann der churfürstlichen Mehrheit vollständig zurückzuschlagen.

Während des Kampfes hatten sie um die Wette die Herstellung des Reiches und die Besserung der Kirche verheißen; seit erlangtem Siege aber bewährten sie, nach löblichem Brauche aller Zeiten, ihre conservative Gesinnung durch das Conserviren aller überlieferten Mißbräuche. Ein Verhalten, gleich verhängnißvoll für Kaiserthum und Kirche. Damals erfüllte sich die Nation mit der Ueberzeugung, daß von dem freien Willen dieser Machthaber auch nicht die mäßigste Reform zu erwarten sei, sondern daß das Volk nur auf seine eigne Kraft seine Hoffnung zu setzen habe.

Das Kaiserthum hatte die alte theokratische Bahn wieder aufgesucht. Es ist höchst charakteristisch, daß in demselben Momente auch die Tendenz zur Weltherrschaft wieder neues Leben gewann.

In derselben Zeit, in welcher des Kaisers Bündniß mit dem Papste zu Stande kam, that Friedrich III. auch den ersten Schritt zu jener Reihe von Ehebündnissen, welche seinen Urenkel zum Herrn des Reiches, in dem die Sonne nicht unterging, machen sollten. Der blondlockige Maximilian heirathete die Erbtochter von Burgund und Niederland, vermählte dann seinen Sohn mit der Erbtochter von Spanien, Neapel und beiden Indien und erwarb seinem Hause Aussichten auf die Thronfolge in Ungarn und Böhmen. Mit einem Male fand sich der Inhaber der römischen Kaiserkrone wieder auf der Straße zu weltbeherrschender Macht;

wieder, wie zur Zeit des großen Otto, war in seinem Rathe tag=
täglich von Burgund und Rom, von Mailand und Sicilien, von
der völligen Unterwerfung Italiens die Rede, und das Verhältniß
zu Spanien schien reichlich für die Gefahr zu entschädigen, welche
die Rivalität des gewaltigen und ehrgeizigen Königs von Frankreich
drohte. Friedrich III. hatte unter Hunger und Kummer das sicherste
Vertrauen auf die kommende Weltmacht seines Geschlechtes, Maximi=
lian lebte und webte in ehrgeizigen Plänen und Phantasien, die
ihre Fäden um alle Länder und Kronen Europa's umherspannen.
So wurde die deutsche Nation, in einem Augenblicke, wo alle
ihre Bedürfnisse und Gedanken auf ihre innere Ordnung
gerichtet waren, auf's Neue durch ihre Herrscher in die Strudel
einer grenzenlosen Eroberungspolitik hineingerissen.

Es ist einleuchtend an sich selbst, und bald genug durch die
Erfahrung bestätigt worden, wie sehr durch diese Verwicklung die
deutsche Verfassungssache erschwert werden mußte.

Um das Jahr 1490 war die Bewegung der Nation energi=
scher, verbreiteter, einmüthiger als jemals früher. Die Städte,
welche seit König Wenzels Zeiten sich unmuthig und mißtrauisch
abseit gehalten, und sich gegen die Reichsgewalt lieber decken, als
an ihr hatten Theil nehmen wollen, gaben diese separatistische
Haltung auf und sandten regelmäßig ihre Botschafter zu den
Reichstagen, welche dadurch an politischer Macht und populärem
Ansehn im höchsten Maaße gewannen. In dem vornehmsten Colleg,
dem der Churfürsten, stand jetzt als wichtigster Führer ein ebenso
warmer Patriot wie bedeutender Staatsmann, der Erzbischof Ber=
thold von Mainz; seinem rechtschaffenen, verständigen und festen
Bestreben gelang es, die Mehrzahl der großen Fürsten, vor Allen
das Haus Wittelsbach für die Reichsreform zu gewinnen. Mit
der wachsenden Entschlossenheit des Willens klärten sich auch die
Gedanken; man ging daran, die praktischen Bedürfnisse und die
Mittel und Wege der Abhülfe genau und deutlich in das Auge zu
fassen. Auch für uns, die wir unter ähnlichen Uebeln leiden, ist
es gut, die damaligen Meinungen uns bestimmt zu vergegenwärtigen.

Sie gehn vornehmlich auf drei Punkte. Man will ein höchstes

Reichsgericht, besoldet vom Reiche, besetzt von Kaiser und Ständen, unabhängig nach allen Seiten, zur Wahrung des innern Friedens. Man will eine allgemeine Reichssteuer, im Auftrage des Reiches in allen Territorien nach der Kopfzahl der Bevölkerung einzusammeln, von einem Reichsschatzmeister zu bewahren, ausschließlich für den Unterhalt eines immer schlagfertigen Reichsheeres bestimmt. Man will eine jährlich zusammentretende Reichsversammlung, die, so lange sie tagt, in ihrer Gesammtheit, in den Zwischenmonaten aber durch einen Ausschuß, gemeinsam mit dem Kaiser die Verwendung jener Gelder und Truppen regulirt und überwacht. Diese Grundgedanken werden vielfach variirt; sie erscheinen je nach den Umständen bald in engerer, bald in weiterer Fassung; im Wesentlichen aber sind es stets dieselben Forderungen, welche auf allen Reichstagen von 1491 bis 1504 den Gegenstand der Berathungen bilden. Niemand denkt an eine Beschränkung der Territorialgewalt in Dingen, die wir jetzt innere Angelegenheiten nennen würden: was man begehrt ist Verzicht auf das Fehderecht und folglich zum Schutz des Landfriedens ein Reichsgericht; es ist weiter eine einheitliche Reichspolitik nach Außen und folglich Reichssteuer und Reichsheer, Reichsregiment und regelmäßiger Reichstag.

Man erkennt sofort, daß bei aller Verschiedenheit der Zeiten, der Formen, der Mittel, die Tendenz dieselbe war, welche auch im 19. Jahrhundert die nationale Partei verfolgt. Als diese Tendenz im Jahre 1495 den Wormser Reichstag beherrschte, war sie keine willkürliche Erfindung radicaler Neuerer oder doctrinärer Professoren: sie war das Ergebniß einer zweihundertjährigen Lehrzeit, die Frucht blutiger Leiden, wiederholter Kämpfe, schrittweiser Aufklärung. Die Nation, durch das Kaiserthum und dessen Katastrophen in völlige Anarchie geworfen, hatte durch sechs Generationen hindurch auf allen Wegen und in allen Systemen die Herstellung versucht: die geschichtliche Summe all dieses Strebens und Ringens legte jetzt Erzbischof Berthold dem Kaiser Maximilian zur Annahme vor. In früheren Jahren, als Max, noch bei Lebzeiten seines Vaters, der deutschen Hülfe in Sachen seiner burgundischen und ungarischen Ansprüche bedurfte, hatte er den Ständen die besten Verheißungen gegeben: es gab viele vertrauensvolle Gemüther, welche von ihm, der sich gern einen König von Germanien nannte, den raschen und glänzenden Aufbau eines verjüngten Germaniens erwarteten.

Aber das neue Kaiserthum stand seiner Natur nach in ebenso schneidendem Widerspruch zu den Interessen der deutschen Nation wie das alte.

Die Frage, welche an Maximilian erging, lautete dahin, welches von beiden er vorziehe, ob eine starke Reichsgewalt, die er aber nur gemeinsam mit den Ständen und nach fester Ordnung zu führen hätte, oder die bisherige Anarchie, dabei aber die Hoffnung, dieselbe willkürlich für seine dynastischen Zwecke auszubeuten.

Als diese Frage ihm vorgelegt wurde, forderten nach Außen mehrere der wichtigsten Reichsinteressen einen kräftigen Schutz, dessen Möglichkeit unmittelbar von dem Gelingen der neuen Verfassung abhing. Im Norden hatte das deutsche Ordensland Preußen die von Polen früher erzwungene Lehnshuldigung verweigert, wurde deshalb von dem Polenkönig heftig bedroht, und baute auf das von vielen Fürsten gegebene Versprechen deutschen Schutzes. Im Süden gehörten die Schweizer Eidgenossen staatsrechtlich noch zum Reiche, waren auch bereit, dabei zu bleiben, wenn die neue Verfassung ihnen bequem wäre, zeigten sich aber sehr empfindlich gegen Geldforderungen und nachbarliche Eingriffe, und wurden von einer französischen Partei eifrig gegen den Kaiser bearbeitet, um diesem die Wege nach Italien zu sperren. Im Osten beherrschte der König von Ungarn auch Böhmen, welches Land dadurch factisch so gut wie aus dem Reichsverbande gerissen war: hier hatte man ein sicheres Mittel, den deutschen Einfluß herzustellen, wenn man mit Nachdruck die christlichen Interessen an der Donau gegen die Türken vertheidigte.

Diese Verhältnisse nahmen, was Deutschland an verfügbaren Kräften besaß, vollständig in Anspruch, und verboten so bestimmt wie möglich die Uebernahme weiterer Aufgaben. Vor Allem wäre nichts erheblicher gewesen, als wenigstens bis zur Vollendung der

Verfassung, den Friedensstand mit Frankreich zu bewahren. Die Mehrheit der deutschen Fürsten war davon auf das Bestimmteste durchdrungen.

Aber völlig entgegengesetzten Sinnes war der Kaiser. Mit empfindlichem Widerstreben nahm er die Reformanträge auf. Er hatte keinen andern Gedanken, als den König von Frankreich zu bekriegen, und zwar zu doppeltem Zwecke, einmal um ihm das letzte Stück des burgundischen Erbes, das Herzogthum Bourgogne, zu entreißen, sodann um ihn für seinen Angriff auf Neapel zu strafen, und überhaupt in Italien die kaiserliche Herrschaft an die Stelle der französischen zu setzen. Da er hierzu deutschen Geldes und deutscher Truppen bedurfte, so machte er widerwillig genug einige Zugeständnisse in der Verfassungssache, ließ aber gleich nach Empfang des Geldes die neuen Einrichtungen auf das gründlichste wieder verfallen. 1498 erschien er, in Italien besiegt, mit neuen Geldforderungen, und die ständische Mehrheit, um ihn bei der Reform der Verfassung zu halten, ließ sich zu dem verhängnißvollen Schritte bestimmen, zur Genehmigung der kaiserlichen Kriegspolitik. Zwar gewann bald nachher, als Maximilians Waffen aller Orten schlechten Fortgang hatten, die Partei des Friedens und der Verfassung noch einmal das Uebergewicht, und nöthigte dem Kaiser als Theilnehmer an der Regierung ein ständisches Reichsregiment auf. Aber Maximilian, auf das heftigste erbittert, so eben in seinem Ehrgeiz durch die spanische Heirath seines Sohnes auf das höchste gesteigert, raffte jetzt in Deutschland alle Mittel des kaiserlichen Einflusses zusammen. Das Glück kam ihm entgegen, indem der wichtigste Genosse Erzbischof Bertholds, das Haus Wittelsbach, sich in innerem Haber spaltete, und Bayern gegen Pfalz mit heftiger Leidenschaft auf die Seite des Kaisers trat. Pfalz wurde besiegt, Berthold starb bald nachher, der Verein der Churfürsten und das Reichsregiment war zersprengt. Die kaiserliche Politik triumphirte und mit der nationalen Verfassung war es vorbei. Zwar das Reichskammergericht blieb bestehn, und allmählich wurde auch eine Kreisordnung für Erhaltung des Landfriedens durchgeführt. Aber selbst diese erschien nicht als das

Gebot einer nationalen Gesetzgebung, sondern überall als das
Belieben einer freien Association: von einer festen Ordnung des
Reichsregiments war gar nicht mehr, statt von der Reichssteuer
war nur noch von Matricularumlagen die Rede. Alle Einrich=
tungen setzten die Selbstständigkeit der Territorien voraus, und
wer nicht hinzutreten wollte, blieb eben draußen. Dies geschah
Seitens der Schweiz, die sich damit für immer von dem Reiche
trennte, Böhmens und Mährens, die auch später nur in mittelbare
Verbindung mit demselben traten, und des preußischen Ordens=
landes, welches sich ohne jegliche Hülfe der polnischen Uebermacht
Preis gegeben fand. Mit solchen Verlusten für das Reich kündigte
sich die Wiedererhebung des Kaiserthums an. Wie hätte es anders
sein können? Mit der dynastischen Welteroberung vertrug sich keine
constituirte deutsche Nation, welche der Politik ihres Oberhauptes
Maaß und Regel nach den nationalen Interessen und Bedürfnissen
gegeben hätte: um die Streitkräfte Deutschlands für die habs=
burgische Weltherrschaft ausnutzen zu können, hatte der Kaiser —
wenn wir den modernen Ausdruck gebrauchen dürfen — die Auf=
lösung des Bundesstaats in den Staatenbund erstrebt und durchgesetzt.

Seitdem warf sich nun Maximilian mit lebhaftem Eifer in
seine spanisch=französisch=italienischen Händel. Die deutschen Stände
blieben gegen diese schimmernden Lorbeeren ebenso gleichgültig, wie
ihre Vorfahren bei den italienischen Kämpfen der letzten Hohen=
staufen. Maximilian erklärte darauf, da man ihn so schlecht unter=
stütze, so könne er sich bei seinen Eroberungen, Verträgen und
Vergebungen auch nicht an das Interesse des Reiches binden.
Sein Enkel Karl, auf den nach dem Tode des Sohnes alle Hoff=
nungen und Ansprüche des Hauses Habsburg übergingen, wurde
in Belgien als Franzose erzogen und lernte sich dann als König
von Spanien fühlen. Die deutsche Sprache hat er sein Leben lang
nur gebrochen geredet.

So gingen diese Dinge ihren Gang. Als Karl V. den deutschen
Thron bestieg, hatte die Lage eine neue Verwicklung durch den
Ausbruch der großen kirchlichen Bewegung erhalten, welche das
Bedürfniß einer nationalen Organisation, einer wahrhaft deutschen

Reichsgewalt doppelt fühlbar machte. Daß irgend eine kirchliche Reform nothwendig war, darüber läßt die Geschichte des ganzen 15. Jahrhunderts mit seinen gewaltigen Europa durchfluthenden Kämpfen nicht den Schatten eines Zweifels übrig: was in Frage stand, war nicht das Ob, sondern das Wie und Wieweit. Nur darum konnte es sich handeln, ob die Reform sich auf dem Boden der bestehenden Zustände und unter der Leitung der überlieferten Gewalten, oder ob sie mit völliger Losreißung von dem bisherigen Kirchenrechte sich vollziehn sollte. Wer die Frage von dem Standpunkte des folgerichtigen Protestantismus erwägt, wird das Eintreten der letzten Alternative für ein Glück halten: wer die religiöse Spaltung der Nation beklagt, wird das Mißlingen der erstern bedauern müssen. Nun ist aber keine Wahrheit einleuchtender, als daß das Scheitern der legalen Reform in Deutschland ausschließlich und nothwendig die Folge der politischen Katastrophe in der Verfassungssache war. Es gab im deutschen Reiche überhaupt keine Reichsgewalt mehr, welche die gewaltige Aufgabe hätte in die Hand nehmen können. Als die lutherische Bewegung begann, waren die einzelnen Territorien bereits so gut wie souverän; es lag in der Natur der Dinge, daß jedes von ihnen die religiöse Frage für sich nach eigenem Ermessen entschied. Des Kaisers Gesinnung aber gehörte durch sein Herkommen der spanischen Nation an, der einzigen damals in Europa, welcher überhaupt das Wort Reform als eine Gottlosigkeit erschien, und nach seiner italienischen Politik war ihm kein Verhältniß wichtiger als die feste Freundschaft der römischen Curie. Wer die Beziehungen der Welt nach planmäßiger Berechnung verderblich für das nationale Interesse Deutschlands in der großen Krisis hätte einrichten wollen, hätte nicht anders verfahren können als Karls Vorgänger es gethan.

Für Karl V. war das deutsche Reich nur eine einzelne Provinz, und eine Provinz nicht einmal ersten Werthes, in dem ungeheuern Reiche, welches seine Gebote in America und Africa, in Spanien, Italien, und bald auch in Böhmen und Ungarn verkündete. Man sagt wohl, diese Machtanhäufung habe für Deutschland wenigstens den Nutzen gebracht, daß die französische Macht beschränkt und aus Belgien und Italien hinweg gewiesen worden sei. In der That, ein für kindliche Hörer berechnetes Lob. Wir wollen nicht einmal urgiren, so zweifellos die Thatsache feststeht, daß in jener Zeit unser Deutschland den westlichen Nachbarn an Geld und Truppen bei Weitem überlegen war, und nur der von seinen Kaisern zerstörten Verfassung bedurft hätte, um auch ohne spanische Hülfe jeden französischen Uebergriff auf der Stelle zu zermalmen. Aber welche Stirne gehört dazu, von spanischer Hülfe für Deutschland zu reden, gegenüber der Thatsache, daß Italien, zu dessen Unterwerfung unsere Landsknechte stets das Beste thun mußten, durch den sogenannten deutschen Kaiser ausschließlich zur spanischen Provinz gemacht, daß Niederland, zu dessen Deckung keine spanische Hand sich gerührt hatte, durch den deutschen Kaiser ausschließlich der spanischen Herrschaft überwiesen wurde? War es etwa Sorgfalt für das deutsche Reich, nach welcher Karl die Verwaltung Granvella's und Alba's in Brüssel vorbereitete? Oder war es ein Gewinn für die deutsche Nation, daß auf das Mailänder Castell statt der französischen Lilien die Thürme Castiliens gepflanzt wurden? Damals war Italien 200 Jahre lang selbstständig gewesen, noch Papst Julius II. hatte auf das Nachdrücklichste für die nationale Sache gerungen, überall waren die Erinnerungen an die einheimischen Staatsgewalten lebendig. Für eine verständige Politik hätte nichts näher gelegen, als nach der Vertreibung der Franzosen diesen Zustand zu erneuern und für die Zukunft zu befestigen. Ein Ottone oder Salier würde dies zwar eben so wenig wie Karl V. gethan, aber das eroberte Land unter deutsche Botmäßigkeit gestellt haben. Der Habsburgische Weltherrscher dagegen that weder das Eine noch das Andere, sondern schlug Italien zur spanischen Monarchie. Wollte man etwa meinen, da die spanischen Besatzungen in Mailand und Neapel demselben Manne dienten, welcher die deutsche Krone trug, so wäre das Verhältniß immer für Deutschland günstiger als im Falle französischer Herrschaft über die Lombardei gewesen? Es sollte nicht lange dauern, bis Deutschland die Probe machte. Im Jahre 1546 waren die Erfolge Karls vollendet, Frankreich aller Orten besiegt, das habsburgisch-hispanische Weltreich an jeder Grenze befestigt. Damals nun erhob sich Kaiser Karl zur endlichen Ordnung der deutschen Kirchensache, zur Bändigung der widerspenstigen Protestanten. Es ist natürlich, wenn gute Katholiken dem Zwecke dieses Bestrebens ihre Sympathie zuwenden. Aber es ist ebenso gewiß die Pflicht der nationalen Betrachtung, die von Karl gebrauchten Mittel zu beklagen und zu verdammen. Ein wirklich deutscher König hätte die einheimischen Kräfte seiner Confession zusammen genommen, und damit seiner Kirche den Boden des Vaterlandes erobert, so weit es die Natur der Dinge verstattete. So sehn wir es in Frankreich, Polen, Spanien auf der katholischen, in England, Schweden, Dänemark auf der protestantischen Seite: keinem dieser Staaten ist über dem religiösen Streite das nationale Bewußtsein für längere Zeit verloren gegangen. Daß Deutschland allein das traurige Beispiel des Gegentheils lieferte, verdanken wir allein der kaiserlichen Weltstellung seines Monarchen. Als Karl V. gegen die Protestanten in das Feld rückte, waren es spanische und italienische Truppen, mit denen er den deutschen Boden überschwemmte. Nachdem er seine Widersacher besiegt hatte, waren es italienische und spanische Räthe, welchen er die Leitung der deutschen Politik übertrug. Sein Wunsch war, die Kaiserwürde seinem Sohne Philipp zuzuwenden, und man weiß, daß dieser keinen andern Stolz hatte als Castilianer zu sein, und nur Castilianer zu der Beherrschung seiner Provinzen zu verwenden. Es war nicht bloß der Protestantismus, der sich hier von der alten Kirche, es war nicht weniger die deutsche Nationalität, die sich von spanischer Fremdherrschaft bedroht sah. Unsere Vorfahren waren nicht der Meinung, daß hispanische Tyrannei weniger unerträglich als etwa eine französische sei, weil sie im Namen des Kaisers geübt würde. Es trat ein, was wieder niemand loben kann, was aber nach der Art menschlicher Dinge unvermeidlich war, der Action folgte die entsprechende Reaction. Der Kaiser bedrängte die protestantischen Fürsten mit spanischen Heerhaufen, die Fürsten riefen gegen den Kaiser französischen Beistand auf. Dem Kaiser erschien es richtig, Spaniens

Truppenhülfe mit der Ueberweisung Niederlands zu bezahlen; die Fürsten trugen kein Bedenken, den Franzosen zum Danke Metz, Toul und Verdun zu überlassen. Wenn die Weltpolitik des alten Kaiserthums Deutschlands Kräfte für hoffnungslose Aufgaben vergeudet hatte, so riß jene des neuen die Glieder der Nation stückweise auseinander. Daß bei uns in so viel höherem Grade als bei irgend einem andern Volke der religiöse Zwist das Bewußtsein der nationalen Zusammengehörigkeit zerstörte, daß das Nationalgefühl, im Anfang des 16. Jahrhunderts stärker als jemals früher in Deutschland lebendig, wenige Menschenalter später in dem Parteitreiben völlig untergegangen war: wir verdanken es lediglich dem Sturz unserer Verfassungspartei und der Hereinziehung der Ausländer, mithin auf jeder Seite den angeborenen Tendenzen unseres Kaiserthums.

Es wird nicht nöthig sein, diese Erörterung im Einzelnen durch die ganze Zeit der Religionskriege hindurchzuführen. Nach dem Rücktritte Karl V. gab es in Wien noch einmal eine kurze Periode religiöser Mäßigung und nationaler Gedanken: Ferdinand I. und Max II. hatten keine auswärtigen Besitzungen, standen mit dem spanischen Vetter in kühlen Beziehungen, und suchten statt dessen die Gemäßigten unter den deutschen Fürsten beider Confessionen zu einem erhaltenden und versöhnenden Systeme zu vereinen. Aber nur zu bald zeigte sich, daß dies nicht mehr möglich war. Während die Evangelischen Stände vielfach die Schranken des Augsburger Religionsfriedens verletzten und zugleich unter einander in bitterem Haber zerfielen, erhob sich das restaurirte Papstthum im engsten Bunde mit Philipp von Spanien zu einer großen europäischen Offensive gegen die protestantische Welt. Zur Abwehr dieses Angriffes riefen die bedrohten Niederländer und Hugenotten ihre calvinistischen Genossen in England und Deutschland auf; Ferdinand von Oesterreich aber, und Max von Bayern traten mit heißer Inbrunst der päpstlich-spanischen Weltmacht zur Seite. So erschien trotz der Theilung in die Madrider und die Wiener Linie die Einheit des Hauses Habsburg wieder fester gekittet als je: wie das alte Kaiserthum setzte es seinen ausschließlichen Beruf in die Beschützung der Kirche, der es den Erbkreis zu unterwerfen habe, und wie bei Karl V. trat auch bei Ferdinand II. das nationale Interesse Deutschlands als verschwindend klein in den Hintergrund. Noch ehe er den Kaiserthron bestieg, bot er den Spaniern die wichtigsten deutschen Grenzlande, in deren Besitz sie den Rhein und die Alpen von Belgien bis Mailand beherrscht hätten. Bald nachher schloß er mit Polen ein Bündniß, dessen Gelingen die preußischen Lande vollständig zu polnischen Provinzen gemacht haben würde. Sogar die deutschen Bischöfe entfremdete er sich im entscheidenden Moment durch die Absicht, die wiedereroberten Kirchengüter italienischen und spanischen Jesuiten zuzuwenden. Und wenn das Reich darüber zu Grunde ginge, hatte einst seine Mutter der Königin von Polen geschrieben, so wollte ich die Ketzer bändigen. Und sollte ich den Reichstag zerstoßen, schrieb Ferdinand selbst, so sollte die Kirche kein Präjudicium leiden. Bei einer solchen Haltung des Reichsoberhauptes war es kein Wunder, daß die Reichsstände beider Confessionen vor dem religiösen und dem dynastischen Interesse das nationale Gedeihn und die Wohlfahrt des Reiches vollständig aus dem Auge verloren. Wie Kaiser und Liga die Spanier und Italiener, so riefen die Protestanten die Dänen, Schweden und Franzosen auf, und ein volles Menschenalter hindurch raste der Weltkampf der beiden Religionen seine Wuth auf dem Boden Deutschlands aus.

Das Ergebniß war auf dem kirchlichen Gebiete das günstigste für Cultur und Freiheit, das Nebeneinanderbestehn und die Gleichberechtigung mehrerer Confessionen. Auf dem politischen Felde aber bedeutete es die Niederlage der kaiserlichen Entwürfe, die tiefe Demüthigung der östreichisch-spanischen Macht, die vollendete Zerstückelung Deutschlands. Wie das alte Kaiserthum durch seine weltumfassenden Entwürfe die Nation in die Anarchie des Interregnums, so hatte das Habsburgische durch seine spanisch-italische Politik sie in den Jammer des dreißigjährigen Krieges geführt. Das Bewußtsein nationaler Pflichten und nationaler Einheit, welches vom 13. bis 16. Jahrhundert in stetem Fortschritt gewesen, war unter der Einwirkung der kaiserlichen Politik dem

deutschen Volke und seinen Machthabern auf's Neue verdunkelt.
Ein Extrem hatte das andere, die Ueberspannung der kaiserlichen
Weltherrschaft die völlige Zersetzung Deutschlands hervorgerufen.
Und doch unterliegt es keinem Zweifel: unter den gegebenen Ver-
hältnissen war die Niederlage des Kaiserthums ein Glück für den
Bestand der deutschen Nationalität. Es stand damit im 17. Jahrhundert nicht anders als im 13. Hätte damals Kaiser Friedrich II.
gesiegt, so wäre seine Herrschaft eher alles Andere, sicilisch, italisch,
saracenisch, nur nicht deutsch gewesen. Hätte jetzt Karl V. den
Platz behauptet, so lehrt das spanische Regiment seines Sohnes,
hätte Ferdinand II. triumphirt, so zeigt uns die Behandlung
Böhmens, welches Schicksal Deutschland erfahren hätte. Wie nun
die Geschicke gefallen, war für den Augenblick das Elend, die Er-
niedrigung und die Zerstückelung groß: aber die Nation hatte wie
nach dem Interregnum so auch nach dem westfälischen Frieden
wenigstens die Möglichkeit innerer Herstellung und eigenartiger
Entwicklung gewonnen.

Die Oesterreichische Monarchie.

Der westfälische Frieden bezeichnet das Ende der kaiserlichen Herrlichkeit im mittelalterlichen Sinne. Das politische Leben des deutschen Volkes vollzog sich seitdem ausschließlich in den einzelnen Territorien; der Reichstag wurde zwar bald nachher permanent zu Regensburg, war aber ebenso wesenlos und wirkungslos wie sein moderner Nachfolger zu Frankfurt, und der Kaiser, der als solcher sich eines jährlichen Budgets von 14,000 Gulden erfreute, bedeutete etwas in der Welt schlechterdings nur als Landesherr der österreichischen Staaten. Wir könnten also unsere Erörterung über den nationalen Werth des Kaiserthums an dieser Stelle abschließen; läge uns nicht die Behauptung vor, daß eben auf diese österreichische Monarchie die wesentlichen Charakterzüge des alten Kaiserthums übergegangen, und daß sie aus diesem Grunde in gleichem Maaße wie jenes als der Hort und Schirm unseres nationalen Daseins zu betrachten sei.

Wir wollen auch diesen Satz einer kurzen Prüfung unterwerfen, indem wir vorn herein bemerken, daß wir seine erste Hälfte vollständig anerkennen, die Thatsache nämlich, daß das moderne Oesterreich den wesentlichen Charakter des alten Kaiserstaats geerbt habe, und uns nur darüber unser Urtheil vorbehalten, ob daraus dem deutschen Wesen und den deutschen Gesammtinteressen besseres Heil im 18. als im 10. oder 12. Jahrhundert erwachsen sei. An sich ist es überall eine sehr problematische Empfehlung für die moderne Brauchbarkeit eines Staatswesens, wenn man ihm vorwiegend mittelalterliches Gepräge zuschreiben muß. Man hat bisher stets geglaubt, wenn in den letzten 150 Jahren z. B. Preußen vorangekommen, Oesterreich aber zurückgegangen, wenn

Rußland über Polen, oder Frankreich über Spanien emporgewachsen ist, der Grund liege gerade daran, daß jene aufblühenden Staaten sich modernisirt, d. h. ihre Einrichtungen den Fortschritten der geistigen und materiellen Cultur angepaßt, die zurückgebliebenen aber ihr mittelalterliches Wesen bewahrt, d. h. bei geänderten Bedürfnissen veraltete Formen beibehalten haben. Zum ersten Male erfahren wir jetzt von dem Herold des Kaiserreichs, daß das Umgekehrte wahr sei. Oesterreich, weil es sich den mittelalterlichen altkaiserlichen Bestand erhalten, sei das rechte Organ, Preußen aber, weil es durch und durch modernen Wesens sei, das eigentliche Hinderniß der modernen deutschen Entwicklung. Mit einem so unerschrockenen Verfahren hätte, scheint uns, Herr Ficker auch für das alte Kaiserthum seine Aufgabe viel rascher erledigen können. Ganz so bündig wie jener Satz wäre auch der einfache Schluß gewesen: weil das Kaiserthum nach jedem Anlauf sogleich wieder zusammen brach, weil seine Politik zum Interregnum und zum dreißigjährigen Kriege führte, eben deshalb ist es als der Segen der deutschen Nation zu preisen.

Doch lassen wir die Schlüsse, und fragen nach den Thatsachen. Als um die Mitte des 15. Jahrhunderts die Churfürsten unaufhörlich auf Reichsregierung und Reichsverfassung drangen, als sie den Kaiser Friedrich III. aufforderten, in einer Stadt inmitten des Reichs anstatt in der fernen Ostmark seinen Sitz zu nehmen, als sie Einwirkung der Reichsgewalt auf alle Reichslande und Theilnahme aller Reichslande an den Reichslasten begehrten: da setzte Friedrich ihnen nicht bloß in der Frage der Reichsverfassung einen unüberwindlichen Widerstand entgegen, sondern bekundete seinen völlig entgegengesetzten Sinn auch in der Regulirung der politischen Lage, in die er seine österreichischen Erblande zu versetzen gedachte. Es gelang seiner Zähigkeit, im Jahr 1453 den Churfürsten die Anerkennung einer Reihe österreichischer Privilegien höchst eigenthümlicher Art und höchst umfassender Bedeutung zu entwinden, welche dann bis auf die neueste Zeit die staatsrechtliche Stellung Oesterreichs zu Deutschland bestimmt haben.

Diese Privilegien waren damals etwa seit einem Jahrhundert in Wien bekannt geworden. Sie lauteten auf die Namen Julius Cäsars und des Kaiser Nero, Heinrich IV. und mehrerer Hohenstaufen bis herab auf Rudolf von Habsburg. Sie waren, wie jetzt allgemein anerkannt ist, alle oder doch fast alle unächt, und zur Zeit Kaiser Karl IV. durch den Herzog Rudolf von Oesterreich angefertigt worden. Für uns ist dieser Umstand gleichgültig, da sie durch die Bestätigung Friedrich III. und die Anerkennung der Churfürsten seit 1453 einen Bestandtheil des praktischen, gültigen Staatsrechtes bildeten, und als solches bis in unser Jahrhundert unangefochten gegolten haben. Nach ihnen ergab sich nun folgendes Verhältniß Oesterreichs zum deutschen Reiche.

Der Herzog, bestimmt eine dieser Urkunden, braucht dem Reiche keine Heeresfolge zu leisten, als bei einem Kriege an Oesterreichs Grenzen, oder gar nach einer andern, er ist dem Reiche überhaupt keinen Dienst schuldig, als bei einem Kriege gegen die Ungarn die Stellung von zwölf Mann, zum Zeichen, daß er Fürst des Reiches sei. Er braucht ferner die Belehnung vom Reiche nur in seinem eigenen Lande zu empfangen, und ist nicht verpflichtet, irgend einen Reichstag zu besuchen; wenn er aber auf einem solchen erscheint, so gilt er als ein Pfalzgraf-Erzherzog und hat den ersten Platz nach dem Churfürsten; alle Reichsvasallen in Oesterreich sind verpflichtet, ihn als ihren Lehnsherrn anzuerkennen; alle Vorrechte irgend eines Fürsten sollen sowohl für Oesterreich als für alle jetzigen und künftigen Besitzungen des Herzogs gelten. Nach den Urkunden König Heinrichs und Kaiser Friedrich II. darf der Herzog auf seinem Hute eine Königskrone tragen, und neue Provinzen auch ohne Genehmigung des Reiches erwerben; niemand aber, der in Oesterreich wohnt, ist einem Auswärtigen in irgend einem Punkte Gehorsam schuldig. Faßt man diese Punkte zusammen, so war damit dem österreichischen Ländercomplex eine völlig unabhängige und gesonderte Stellung neben dem Reiche zugesichert; seinem Regenten war es nach dessen Belieben verstattet, an den Reichstagen Theil zu nehmen oder nicht; aber von allen Pflichten gegen das Reich, Lasten irgend welcher Art, Gehorsam gegen die

Reichsbehörden, militärischer Vertheidigung der Reichsgrenzen, so weit es nicht die österreichischen selbst waren, war er so ausdrücklich wie möglich losgesprochen. Wenn er neue Besitzungen für sich erwarb, ging dies Verhältniß sofort auf dieselben über; es war nicht nöthig, daß sie Reichslande wurden, und wenn es geschah, erwuchs dem Reiche dadurch nur die Pflicht des Schutzes aber nicht ein Anspruch auf irgend eine Leistung.

Diese gesetzlichen Bestimmungen über das Verhältniß Oesterreichs zu Deutschland sind bis zum Ende des Reiches niemals aufgehoben worden. Nur in einzelnen Fällen kommen Ausnahmen auf Grund besonderer Verhandlungen und Verebungen vor, deren Erscheinen die Regel mithin nur bekräftigt. Als unter Kaiser Maximilian I. jener Versuch einer durchgreifenden Reichssteuer, des gemeinen Pfennigs gemacht wurde, sträubte Max sich Jahre lang aus seinen Erblanden zu dieser Last einen Beitrag zu stellen. Karl V. regelte nach dem Schmalkalder Kriege die Beziehungen seiner niederländischen Provinzen zum Reiche, indem er, damals auf der Höhe seiner Macht, bei den Reichsständen einen Vertrag durchsetzte, nach welchem das Reich den Niederlanden Schutz und Beistand versprach, auf jede Thätigkeit der Reichsgerichte in Niederland verzichtete, und dafür sonst nichts als bei Türkenkriegen allerdings etwas mehr als die zwölf Mann der alten Urkunde, nämlich den doppelten Matricular-Gelbbetrag eines Churfürstenthums empfing. Die andern österreichischen Lande bildeten für sich einen besondern, und zwar den größten Reichskreis, die von den Reichsgesetzen vorgeschriebene Kreisordnung aber trat dort nicht in das Leben, sondern dieser Kreis war „niemals in irgend einem Stücke der Verfassung so beschaffen, wie es ein Kreis sein sollte." Die Thätigkeit des Reichskammergerichtes begünstigten die Kaiser ebenso wenig wie einst die Gründung desselben; thatsächlich stand es jetzt so, daß das höchste österreichische Landesgericht, der kaiserliche Hofrath, nicht bloß in Oesterreich, sondern auch sonst in Deutschland überall die Wirksamkeit des Kammergerichtes zu verdrängen suchte. Von allen sonstigen Reichslasten waren und blieben die österreichischen Lande völlig frei, auf Grund eben der von Herzog

Rudolf angefertigten Privilegien, welche nach Friedrich III. zuerst wieder von Karl V im Jahre 1530, dann von Rudolf II. 1599, endlich von Karl VI. noch im Jahre 1729 wiederholt und bestätigt wurden. Da unter dessen Nachfolgern, Maria Theresia und Joseph II. der Reichsverband nur immer weiter gelockert, die Staatseinheit aber der Erblande immer straffer zusammen genommen wurde, so war seitdem von den alten Privilegien nur deshalb keine Rede mehr, weil man in der Abkehr von Deutschland noch weit über die von ihnen bestimmte Linie hinausgegangen war. Als 1740 nicht der Gemahl Maria Theresia's, sondern der Churfürst von Bayern auf den Kaiserthron berufen wurde, machte man in Wien kein Hehl daraus, daß man einem nicht österreichischen Kaiserthum sich unter keiner Bedingung einfügen werde.

Mit einem Worte also: seit vollen drei Jahrhunderten bildete Oesterreich nur dem Namen nach einen Theil des deutschen Reiches und stand in Wahrheit völlig außerhalb der Reichsverfassung und der Reichsgesetze. Staatsrechtlich lag das Verhältniß so, daß es mit den übrigen deutschen Territorien durch eine Allianz verbunden war, deren peremtorische Voraussetzung österreichischerseits der ungestörte Besitz der Kaiserkrone war, deren Vortheile ausschließlich bei Oesterreich, deren Lasten allein bei Deutschland standen. Oesterreich genoß nach Außen des Schutzes und einigen Beistandes von Seiten der Reichslande, und übte im Innern einen starken Einfluß auf die Verhältnisse des Reiches aus: von Leistungen aber nach Außen und von der Ausführung der Reichsgesetze in seinen Landen war es auf das Ausdrücklichste dispensirt.

Die heutige deutsche Nationalpartei folgt also keineswegs willkürlichen Erfindungen und modernen Doctrinen, sondern steht völlig auf dem Boden der historischen Ueberlieferung, wenn sie die Ansicht ausspricht, Oesterreich sei nach seinem Herkommen und seiner Beschaffenheit nicht in dem Falle, auf einer Linie und auf gleiche Bedingungen mit den übrigen deutschen Staaten zu einer neuen Reichsverfassung zusammen zu treten. Sie thut damit nichts Anderes, als was Friedrich III., Karl V., Rudolf II., Karl VI. selbst gethan haben: sie anerkennt lediglich einen Zustand, der in einer dreihundertjährigen Entwicklung, unter stetem Betreiben der österreichischen Herrscher zu Stande gekommen ist. Sie ist der Meinung, daß es freilich an sich recht schön wäre, wenn die Reichs= gesetze in Wien so gut wie anderwärts in deutschen Landen be= folgt worden wären oder in der Zukunft befolgt werden könnten. Da aber das Gefüge der österreichischen Gesammtmonarchie hiemit zur Stunde ebenso unverträglich ist, wie zur Zeit Karl V. und VI., so bleibt nichts Anderes übrig, als die Dinge zu nehmen wie sie sind, und sich zu bescheiden, daß zu der künftigen deutschen Verfassung Oesterreich keine engere Beziehung, als zu jener des alten Reiches haben kann. Was sie im Vergleiche mit dem alten Zustande zu ändern wünscht, ist nicht die Natur des Bündnisses, sondern die Bedingungen desselben. Aus dem alten foedus ini‑ quum, bei welchem Deutschland eine empörend unwürdige Stellung einnahm, wünscht sie ein aequum et iustum zu setzen, welchem die deutsche Nation mit Ehren treu bleiben kann — auf volle Gegen= seitigkeit des Rechtes und der Pflichten, so daß im Innern Oester= reich keinen größern Einfluß in Deutschland beansprucht, als Deutsch= land in österreichischen Dingen, und daß nach Außen beide Bun= desglieder zu wechselseitiger Hülfe auf alle Zeiten zusammenstehn. Wer in dieser Aenderung des früheren Verhältnisses ein Hinaus= drängen, eine Beleidigung oder Verkürzung Oesterreichs sieht, oder wer umgekehrt nicht die ehrwidrige Ausbeutung und Ernie‑ drigung Deutschlands durch die rudolfinischen Privilegien empfin‑ det: mit dem haben wir nichts weiter zu erörtern, aber halten jede solche Ansicht der Ehre des deutschen Namens von Grund aus verderblich.

Ober will man uns etwa einwenden, es habe zuletzt doch wenig auf sich, was in den vermoderten Kaiserurkunden gestanden; wolle man den Werth des österreichischen Kaiserthums für Teutsch= land beurtheilen, so komme es nicht auf den Buchstaben, sondern auf die Thaten an; thatsächlich aber habe Oesterreich in allen Kriegen Teutschlands voran gestanden, nicht mit zwölf Mann, wie jenes alte Privileg begehrt, sondern mit gewaltigen Heeresmassen, ohne deren Hülfe Deutschland längst der Fremdherrschaft verfallen wäre?

Der Wahrheit der Thatsachen würde eine solche Ansicht nicht besser entsprechen, als irgend ein Lobspruch auf die alte Kaiserglorie, wie uns deren so viele unter den Händen zerronnen sind. Die Wahrheit ist, daß Oesterreich manchen großen Krieg zu Deutschlands Gunsten gerade so lange und so weit geführt hat, als es sich dabei um dynastische oder territoriale Interessen des Hauses Habsburg handelte — so lange, und nicht eine Minute länger. Manches Mal gingen die beiderseitigen Interessen parallel, manches andere Mal wichen sie auseinander: genau nach diesem Verhältniß richtete sich Oesterreichs kriegerische Thätigkeit. Es ist deutlich, daß dies wieder dem staatsrechtlichen Verhältniß, wie wir es eben entwickelt haben, durchaus entspricht, und die Grundlinien der Urkunden in dem Bilde der Thatsachen wiederholt. Die beiderseitigen Interessen fielen recht häufig zusammen: also war eine enge Allianz zwischen beiden Theilen sehr naturgemäß. Sie lagen aber oft genug auch in verschiedenen Richtungen: die Verschmelzung beider Theile zu einem einzigen Staatswesen hätte also der Natur der Dinge widersprochen.

Ueberblicken wir die Kriege, welche Oesterreich seit dem westfälischen Frieden geführt, die politischen Tendenzen, welche es dabei verfolgt, die Früchte, welche Deutschland daraus gewonnen hat.

Kaiser Leopold I. ist der Begründer der österreichischen Monarchie als europäischen Großmacht. Vor ihm hatte der deutsche Zweig des Hauses Habsburg an Macht und Ansehn bedeutend hinter dem spanischen zurückgestanden: er brachte außer Oesterreich und dessen Nebenlanden das bis dahin abgezweigte Tyrol, und vor Allem das zu zwei Dritteln türkische, zu einem Drittel meuterische Ungarn unter die Botmäßigkeit seiner Regierung. Diese mannigfaltigen Lande bildeten ein mächtiges Reich von höchst eigenartiger Beschaffenheit, individuellen Zwecken, besondern Bedürfnissen. Nach der geschichtlichen Entstehung ihrer Herrschaft war das deutsche Element keineswegs das vorherrschende im kaiserlichen Regiment. Am Hofe sprach man italienisch oder spanisch, die einflußreichsten Personen waren neben dem Beichtvater des Kaisers der päpstliche Nuntius und der spanische Gesandte. Die

Beziehungen zu dem Madrider Hofe wurden nur um so lebhafter, als die dortige Linie des Hauses Habsburg zur Neige ging, und Leopold sich dann als den natürlichen Erben und den Erneuerer der Größe Karl V. betrachtete.

Ohne Zweifel brachte diese Stärkung Oesterreichs in jenen Jahren der deutschen Nation erheblichen Gewinn. Es war die Zeit des gewaltigsten aller französischen Könige, Ludwig XIV., der mit unablässigem Ehrgeiz die westliche Grenze des Reiches bedrängte, unter den deutschen Fürsten sich eine starke Partei machte, mehr als einmal seine Hand nach der Kaiserkrone selbst ausstreckte. Es war ein Glück, daß Oesterreichs Kräfte damals zunahmen, und allmählich mit den französischen sich in das Gleichgewicht setzten.

Aber eben so deutlich ist es auch, daß die Thätigkeit Leopolds für Deutschlands Vertheidigung immer nicht nach dem deutschen, sondern ausschließlich nach dem habsburgischen, dem österreichischen oder dem kirchlichen Interesse bemessen wurde. Wie viel dieser Unterschied bedeutete, kam bei jeder neuen Verwicklung zum Vorschein. Im Jahre 1674 griff Ludwig XIV., an der Spitze einer furchtbaren Allianz, die Republik Holland mit erdrückender Uebermacht an. Es war unzweifelhaft, daß sein Sieg an dieser Stelle sowohl Belgien als Norddeutschland in vollständige Abhängigkeit versetzt hätte, zumal einige westdeutsche Fürsten sich schon ganz als französische Vasallen benahmen, und Ludwig vom Beginne seiner Operationen die deutschen Grenzen an keiner Stelle respectirte. Der große Churfürst von Brandenburg, der wahre Begründer der preußischen Macht, setzte dieser Gefahr gegenüber alle Rücksicht und Besorgniß aus den Augen, und stürzte sich zu Hollands Gunsten in den ungleichen Kampf; niemand zweifelte, daß Kaiser und Reich dem mannhaften Beispiel ohne Zaudern folgen würden. Allein die Blicke Leopolds waren nach einer andern Seite gerichtet. Drei Jahre früher hatte er sich in tiefem Geheimniß mit Ludwig über eine künftige Theilung der spanischen Monarchie verständigt, durch welche Oesterreich die Kronen von Spanien, Indien und Mailand, Frankreich aber Belgien, Neapel und Navarra erhalten sollte. Belgien einmal aufgegeben, was lag ihm an Holland? Er stellte freilich ein Heer auf, dessen Führer aber erhielt die Weisung, Brandenburgs kriegerische Thätigkeit nicht zu unterstützen, sondern zu hindern. Der Churfürst mußte sich zu einem demüthigenden Friedensschluß bequemen.

Allerdings zeigte sich bald, daß diese Richtung der kaiserlichen Politik nicht zu behaupten war. Spanien selbst ergriff gegen Ludwig die Waffen, Holland setzte den Kampf mit festem Heldenmuthe fort, der Krieg nahm immer größere Verhältnisse an, und Ludwigs Uebergriffe auf deutschem Boden wurden so umfassend, daß endlich Leopold den Bruch nicht länger vermeiden konnte. Fünf Jahre lang wurde gestritten. Am Rhein und in Belgien behaupteten die Franzosen ihr Uebergewicht, dagegen entriß ihren Bundesgenossen, den Schweden, der Churfürst von Brandenburg beinahe ganz Pommern. Als 1679 in Nymwegen der Frieden unterhandelt wurde, bestimmte Ludwig durch vortheilhafte Erbietungen Holland und Spanien zu einseitigem Abschluß; für Deutschland war die Frage, ob es den Kampf für sich allein fortsetzen sollte. Es handelte sich noch um eine deutsche Forderung, daß Frankreich gewisse Ansprüche auf Elsasser Hoheitsrechte und Gebietstheile ausdrücklich aufgeben sollte; es handelte sich weiter um Schwedens Verbleiben auf deutschem Boden, da Ludwig die volle Herstellung seines Verbündeten begehrte. Brandenburg, dessen Vortheil und Gefahr mit dem deutschen identisch war, beantragte nachdrücklich, daß man nicht eher unterzeichne, bis beide Punkte im deutschen Sinne bereinigt seien. Der Kaiser aber, der in Ungarn andere Sorgen, nähere als die elsasser Frage, auf dem Herzen hatte, der noch dazu in Pommern lieber die schwedischen Ausländer, als den starken Brandenburger mächtig sah, entschied sich für rasche Nachgiebigkeit. Vom Elsaß wurde in dem Frieden nicht gesprochen, Brandenburg zur Rückgabe Pommerns genöthigt. Der Churfürst wüthete, erklärte Oesterreich für unfähig zur Führung des Kaiserthums, fand die einzige Möglichkeit zur Rettung in enger Freundschaft mit Frankreich.

Die Strafe für jene schwachherzige Politik ließ sich für

Deutschland nicht lange erwarten. Mitten im Frieden begann Ludwig seine Reunionen, nahm Straßburg und Luxemburg weg, griff um sich nach allen Seiten. Jetzt wollte der Kaiser die Waffen erheben, aber Brandenburg war in seiner Erbitterung nicht zur Theilnahme zu bewegen. Man mußte sich zu einem unrühmlichen Stillstand entschließen. Als dann bald nachher der große Angriff der Türken auf Wien folgte, als er wider Erwarten mit deutscher und polnischer Hülfe glorreich abgewehrt wurde, und dann zu einem reißenden Siegeslaufe der österreichischen Waffen an der Donau führte, durch welchen Ungarn und Siebenbürgen vollständig von den Osmanen gereinigt wurde: da meinte Ludwig auf's Neue einschreiten zu müssen, und brach 1688 mit wilder Verwüstung über die Pfalz und das cölnische Land herein. Dieses Mal schwieg die innere Zwietracht, Oesterreich und Brandenburg, Nord- und Süddeutschland vereinigten sich mit einmüthigem Willen zur Abwehr. Leider konnte sich Leopold in dem großen Momente nicht zu vollem Aufgebote seiner Kraft entschließen. Prinz Eugen von Savoyen hatte keinen Zweifel darüber, daß man mit den Türken gegen die Abtretung Ungarns und Siebenbürgens Frieden schließen, und alle Mittel Oesterreichs auf den französischen Krieg wenden müsse: der Kaiser aber hörte auf das Anbringen des päpstlichen Nuntius, den Religionskrieg gegen den Islam unter allen Umständen fortzusetzen. Die Folge war Zersplitterung der Kräfte, so daß man gegen die Türken wenig ausrichtete, und am Rheine ebenfalls keine entscheidenden Erfolge davon trug. Immer gelang es jedoch zum ersten Male im Frieden zu Ryswick wenigstens ein neues Anschwellen der französischen Macht zu hemmen.

Bekanntlich trat wenige Jahre später der große Erbfall ein, dessen Annäherung ganz Europa in Spannung versetzt hatte, das Aussterben der spanischen Habsburger. Oesterreich und Deutschland traten mit England und Holland gegen die Ansprüche Ludwig XIV. zusammen, und dieses Mal war man stark genug, den ganz Europa bedrohenden Uebermuth des Weltbedrängers gründlich zu brechen. Sein Enkel behauptete sich allerdings in Spanien, aber in Belgien und Italien triumphirten die Verbündeten mit den gewaltigsten Schlägen. Ludwig war tief gedemüthigt, war bereit, auf alle andern spanischen Nebenlande und dazu noch auf Straßburg und den Elsaß zu verzichten, wenn man seinem Enkel nur Sicilien überlasse. Aber Kaiser Joseph wollte auch diese Insel nicht aus der colossalen Erbschaft missen, und verwarf den Frieden, und damit die Herausgabe des Elsasses an Deutschland. Als bald nachher das Glück sich wandte, als England sein entscheidendes Wort für den Frieden einlegte, bot man Kaiser Karl VI. den Besitz von Belgien, Mailand und Neapel, während Spanien an Ludwigs Enkel, Sicilien an den Herzog von Savoyen fallen, Deutschland aber Straßburg und Landau erhalten sollte. Ohne Englands Hülfe mit Schiffen und Geld hatte man schlechterdings keine Aussicht, den Krieg erfolgreich fortzusetzen. Aber Karl VI. fühlte sich völlig als Spanier, fand im Vergleiche mit dem spanischen Hofton die deutsche freie Weise höchst unangemessen, und ließ sich gegen den Wunsch seiner deutschen Minister von einer Anzahl spanischer Granden unbedingt leiten. Er wies den Frieden, welcher dem deutschen Reiche Straßburg wieder verschafft hätte, zurück, um für seine Dynastie nach Spanien und Sicilien zu streben. Das Ende war, da England und Frankreich fest blieben, daß er 1714 beim schließlichen Vertrage zwar Mailand, Belgien und Neapel, Deutschland aber weder Straßburg noch den Elsaß erhielt. Seine imperialistische Gesinnung, sein Umhergreifen nach Madrid und Mexico hatte dem deutschen Reiche das wichtigste Bollwerk der Rheinlinie gekostet.

Von diesem Augenblicke an nahm das deutsche Kaiserthum die Richtung auf die Beherrschung Italiens wieder auf, welche von Friedrich II. bis auf Max I., und dann wieder von Ferdinand I. bis auf Karl VI., also fast vier Jahrhunderte hindurch aufgegeben und vergessen worden war. Gerade in dieser Zeit der politischen Trennung Italiens vom Reiche hatten sich die größten und folgenreichsten Culturbeziehungen zwischen ihnen entwickelt, mit welchen sich entfernt nichts Aehnliches und Gleichwerthiges in den Jahrhunderten der Kaiserzeit vergleichen läßt:

es hatte sich auf dem Gebiete der Kunst und der Wissenschaft, des Rechtes und der Religion gezeigt, daß beide Nationen zu dem fruchtbarsten Geistesaustausch befähigt waren, sobald das unnatürliche Band einer politisch-militärischen Verkoppelung sich gelöst hatte. Karl VI. war nun ein gebildeter, gelehrter, geschmackvoller Mann, aber nichts desto weniger folgte er ohne einen Gedanken an das nationale Interesse Deutschlands und die Bedingungen italienischer Geistesblüthe rücksichtslos dem Zuge der spanisch-habsburgischen Ueberlieferung. Er hätte damals die wichtigsten Vortheile über die Türken davontragen, und die Donau bis zum Meere zu einem österreichischen Flusse machen können: aber seinen spanischen Räthen war der Orient gleichgültig und Deutschland widerwärtig, und der Kaiser ließ jede andere Rücksicht fahren, um seine neue italienische Stellung zu sichern und zu erweitern. Es ergaben sich nun daraus eine solche Menge von Verwicklungen und Verlegenheiten, daß Prinz Eugen, trotz seiner romanischen Herkunft der beste deutsche Mann unter den Großen des Kaiserhofes, eine Zeitlang seinen Gebieter zu einer nationaleren Politik zurückbringen konnte, die vor Allem in einer aufrichtigen Annäherung an Preußen ihren Ausdruck fand. Leider war Eugen nicht stark genug, 1735 den Kaiser von schlimmen Fehlgriffen bei der damaligen Königswahl in Polen abzuhalten, und als darauf Frankreich die Lage der Dinge zu einem neuen Kriege benutzte, bei welchem Neapel dem Kaiser verloren ging, so war Karl ohne Zaudern bereit, sich Toscana als eine neue italienische Entschädigung dafür gefallen zu lassen, und dieselbe mit der Abtretung eines deutschen Reichslandes, Lothringen, zu erkaufen. Der Vorgang von 1714 wiederholte sich in weiterem Maaße: nach einander hatte Deutschland die Wiedererwerbung Straßburgs und des Elsasses, und darauf die Reste Lothringens eingebüßt, damit Habsburg in Italien herrschen könne.

Es folgte dann unter der Regierung Maria Theresia's eine Zeit der inneren Kriege zwischen Oesterreich auf der einen, dem deutschen Kaiser und dem Könige von Preußen auf der andern Seite. Es wiederholte sich, was wir bei den Religionskriegen beobachteten, beide Parteien wetteiferten, das Ausland in den Streit hinein zu ziehn, und wenn Kaiser Karl VII. den Franzosen deutsche Grenzlande im Westen, so stellte Maria Theresia im Osten den Russen die Erwerbung des Herzogthums Preußen in Aussicht. Ja, man könnte kaum sagen, daß das öffentliche Bewußtsein daran Anstoß genommen hätte. Das Nationalgefühl, vom 13. bis zum 16. Jahrhundert kräftig herangewachsen, war, wie wir bemerkten, durch die Erhebung des Kaiserthums und den Ausbruch des Religionskriegs auf's Neue verdunkelt worden; man kannte im Reiche nur noch katholische und protestantische, österreichische und preußische, aber keine deutsche und nationale Parteien. Die Wiedergeburt aus dem politischen Bankerott und Jammerzustand, in welchem 1648 die zweite deutsche Kaiserzeit geendigt hatte, begann äußerst langsam, anfangs dem Volke unbewußt, mit Regungen, welche mit der Politik nichts gemein zu haben oder der Reichseinheit selbst gefährlich zu sein schienen. Denn um 1648 war die Nation nicht bloß in politisches Elend versunken, sondern auf jedem Lebensgebiete, in Bildung, Wohlstand, Sittlichkeit auf das Tiefste herabgekommen. Ehe wieder von nationalem Gefühle und nationaler Politik die Rede sein konnte, mußte das Volk sich im privaten und geistigen Leben aus der Armuth und Verwilderung des dreißigjährigen Kriegsstandes emporarbeiten. Es sind nun vor Allem zwei Momente, welche dieses Werk der glorreich schwersten Herstellung bezeichnen: die zuerst langsame und bald immer herrlichere Entfaltung unserer Litteratur, und die Ausbildung einer anfangs rauhen, aber auf das Gemeinwohl gerichteten, und durch ihre stramme Ordnung segensreichen Staatsverwaltung. Ein Volk, aus dessen Reihen Winkelmann und Lessing, Goethe und Schiller, Kant und Hegel emporstiegen, welches in Poesie und Philosophie, in Philologie und Geologie nach dem höchsten Lorbeer greifen durfte, mußte die Achtung seiner selbst und das Gefühl seines Werthes wieder gewinnen. Ein Volk, welches den kleinen preußischen Staat durch Sparsamkeit, Fleiß und eifrigen Willen eine der österreichischen gewachsene Macht herausbilden, welches dann die Glorie Friedrich des Großen über Europa emporleuchten und Norddeutschland unter seiner Führung gegen eine Welt in Waffen unbesiegbar wie niemals früher sah, ein solches Volk mußte eine lebendige Anschauung von dem Werthe des Staates, des geschlossenen, organisirten, populären Staates erhalten. Nun ist es merkwürdig, den Umfang und die Tendenz dieser beiden Momente, des literarischen und des politischen zu beobachten. Unsere classische Literatur setzte aus von einer starken Begeisterung für die antike Schönheit und schritt fort zu einer das gesammte Geistesleben umfassenden philosophischen Speculation: sie erhob sich damit vollständig über den Gesichtskreis des 16. und 17. Jahrhunderts, durchbrach die Enge und Zwietracht der confessionellen Orthodoxie, und vollendete damit den Fortschritt aus den Banden der mittelalterlichen Kirchenherrschaft. Der neue Beamten= und Militairstaat hatte das Gemeinwohl zu seinem höchsten Zweck und die materiellen Interessen zu seinem wichtigsten Gegenstand; er durchbrach damit in voller Ueberlegenheit das Gebäude der ständischen Privilegien und Sonderinteressen, und setzte an die Stelle der mittelalterlichen Ueberschwänglichkeiten, der beiden Schwerter, des Glaubensschutzes, der Kirchenvogtei, eine völlig realistische, auf Nutzen und Zweckmäßigkeit, auf Entfaltung und Benutzung aller Kräfte zielende Politik. Beide, der Staat und die Literatur, waren also wesentlich modern, dem verstorbenen Mittelalter abgekehrt, in raschem Fortschritte zu einer lebensfrischen Zukunft begriffen. Inmitten ihres arbeitvollen Weiterstrebens hatten aber beide nur das unvollkommenste Bewußtsein über die Richtung und das Ziel ihrer großen Laufbahn. Der Staat, der jede Quelle des Wohlstandes für das gemeine Beste zu eröffnen wünschte, operirte einstweilen mit Geboten und Verboten, mit Eingreifen und Controliren, mit Verwarnungen und Strafen, ohne noch zu begreifen, daß sein Zweck ihn mit unwiderstehlicher Nothwendigkeit zur vollen Freiheit der Arbeit, des Verkehres, der politischen Bewegung führen müsse. Die Literatur wandte sich, bald mit unterthänigem Respect, bald mit gelehrter Verachtung, von Politik und Staat hinweg, ohne vorauszusehn, wie viel sie bereinst für die Läuterung des öffentlichen Lebens wirken, wie viel sie ihrerseits von dem erneuten Patriotismus zurückempfangen würde. Was aber das Verhältniß zum deutschen Reich und deutschen Volk betrifft, so war der Staat noch völlig particularistisch, specifisch-preußisch, hessisch, badisch, und schien Deutschland vollends zu zerreißen; die Literatur aber war völlig kosmopolitisch und betrachtete in allgemeiner Menschenliebe das Nationalgefühl als eine Borniertheit. Weder Friedrich noch Lessing die Großen hatten eine Ahnung davon, daß die Summe ihres Wirkens die Auferstehung der deutschen Nation sein würde. So sind aber die menschlichen Dinge beschaffen: das Beste, was uns gelingt, vollziehn wir ohne Wissen und Willen, und erst die kommenden Geschlechter begreifen, welchem Zwecke höherer Leitung wir gedient haben.

Ueberblickt man nun die Lage Deutschlands im vorigen Jahrhundert, so zeigt sich sofort eine Sonderung in zwei große Gruppen, die sich überall nach dem größern oder geringern Maaße der Theilnahme an jenen großen Momenten des innern Fortschrittes bestimmt. Die Territorien, deren Verwaltung nach den Gesichtspunkten des modernen Staates geregelt wird und deren Bevölkerung in dem Strome der modernen Literatur steht, zeigen höchst erkennbar und bald auch politisch wirksam eine innere Gleichartigkeit, gegenüber den Landschaften, in welchen Staat, Bildung und Gesellschaft noch in den mittelalterlichen Zuständen und Anschauungen verharrt. Schon damals tritt hinter dieser Gruppirung der einst allmächtige religiöse Gegensatz zurück. Protestantische Reichsstädte und Grafen erscheinen auf der Seite des Stillstandes, katholische Churfürsten und Herzoge auf der Seite des Fortschrittes. Nur so viel kann man sagen, daß im Allgemeinen die protestantischen Reichstheile lebhafteren Antheil an der neuen Bewegung nahmen, während in den katholischen Gebieten die althierarchischen Tendenzen bequemere Gelegenheit zum Widerstande fanden. Aber wie bemerkt, die Grenze der neuen Gruppirung fiel schlechterdings nicht mehr mit der Grenze der kirchlichen Confessionen zusammen; es handelte sich vielmehr um einen bei Weitem umfassenderen und breiteren Gegensatz. Zu den Vertretern der nationalen Zukunft gehörte, wer sich im Staate zum Princip des öffentlichen Wohles,

im Leben zur Freiheit des individuellen Geistes bekannte, während
die Anhänger der mittelalterlichen Vergangenheit an den Privilegien der Hierarchie, der Stände, des feudalen Staates festhielten.
So fand sich auf der einen Seite die Mehrzahl der geistlichen
Territorien, eine Menge der verarmten und heruntergekommenen
Reichsstädte und die kleinen Staatscarricaturen der ritterschaftlichen
und dynastischen Gebiete. Auf der andern stand die Masse der
größern weltlichen Staaten, unter ihnen hervorragend Preußen,
welches in Heerwesen und Administration das Vorbild Aller gewesen war, wo Friedrich der Große den leuchtenden Grundsatz
der Religionsfreiheit zum ersten Male in das deutsche Staatsleben
einführte, wo Lessing den Beginn der literarischen Epoche und
später Kant die neue Erhebung der Philosophie verkündete. Die
großen Tendenzen, welche durch diese Namen bezeichnet sind, brachen
sich damals mit unwiderstehlicher Kraft nach allen Seiten Bahn.
In Bayern, welches so lange der Hort einer exclusiven Recht-
gläubigkeit gewesen, eröffnete ihnen der milde und einsichtige Max III.
den weitesten Eingang; die geistlichen Regenten von Mainz, Cöln,
Münster wirkten für Reform ihrer Unterrichtsanstalten und Ver-
besserung ihrer Administration, für Aufklärung und Gemeinwohl.
Allmählich waren es in den weiten Gebieten des eigentlichen Reichslandes nur noch verschwindend kleine Bruchtheile, welche gegen die
Strömung der Zeit sich gründlich abzusperren vermochten: im
Ganzen und Großen, kann man sagen, hatte die classische Literatur und der moderne Staat um 1790 von dem deutschen Reiche
Besitz ergriffen. Von dem deutschen Reiche, sagen wir, unsere Gegner müßten sagen, von Kleindeutschland. Denn Oesterreich nahm
an der Wendung, mit welcher das deutsche Volk in seine Zukunft
eintrat, keinen Antheil.

Auch dies ist eine geschichtliche Thatsache, die jedermann bekannt ist, und über welche nur politische und confessionelle Partei-
verblendung hinwegzublicken strebt, eine Thatsache, deren Ursachen
und Folgen massiv vor den Augen der Welt liegen, und für
welche hier die einzelnen Beweise beizubringen, überflüssige Weit-
läufigkeit wäre. Wer weiß es nicht, daß bis zur Auflösung des

deutschen Reiches der Kaiser als der **Schutz** und **Schirm** jener verkommenen und versunkenen Stände galt, daß Prälaten, Dynasten und Städte auf dem Reichstage keine höhere Weisheit kannten, als in omnibus sicut Austria zu stimmen? Wer weiß es nicht, daß die Schwingungen unserer Literatur in die österreichischen Lande ebenso wenig eindrangen wie in die polnischen und römischen Jesuitenschulen? Wer weiß es nicht, daß Maria Theresia mit geschmeidiger Vorsicht in ihren Erblanden einige Versuche moderner Staatsverwaltung machte, und Kaiser Joseph bei der Durchführung dieses Planes an dem ständischen, hierarchischen, provinzialen Widerstande vollkommen scheiterte? Mit gutem Rechte sagt Ficker, daß auf Oesterreich nicht bloß Titel, Farben und Wappen des alten Kaiserthums, sondern auch Structur und Tendenz desselben übergegangen waren: es war dieselbe lockere Anhäufung auseinander strebender Völkermassen, dieselbe Macht des Clerus und Adels, der ständischen und der provinzialen Besonderheit, dasselbe Schwanken der Krone zwischen militärischem Despotismus und politischer Ohnmacht, dieselbe Hintansetzung des nationalen Staatszweckes und der individuellen Freiheit. Wer zur Verknüpfung so völlig verschiedenartiger Provinzen die Macht der Hierarchie und den Einfluß der Ordensgeistlichkeit nicht einen Augenblick entbehren konnte, durfte natürlich keinen Luftzug Lessing'schen, Göthe'schen, Kant'schen Geistes in die Schulen des Reiches eindringen lassen. Wer zehnerlei sich abstoßende Völker, ohne die Möglichkeit innerer Verschmelzung und Assimilation, zu beherrschen trachtete, konnte seine Verwaltung nicht auf das Princip des Gemeinwohls und der Entfaltung aller productiven Kräfte stellen. Wer überhaupt nicht das Gedeihn seiner Nation als höchsten Zweck, sondern die Kräfte seiner Völker nur als Mittel seiner dynastischen Weltstellung betrachtete, hatte wenig Versuchung, den innern Zustand seines Landes in thätige Betrachtung zu ziehn und seinen privilegirten Ständen durch Aufsicht, Antrieb oder Reformen lästig zu fallen. Genug wenn einige Steuern bezahlt, die Kirchen fleißig besucht, und hinreichende Recruten geliefert wurden: dann ließ die Regierung die ablichen Grundherrn und vornehmen Prälaten gerne gewähren, vorbehalten natürlich, wenn einmal ein Widerstand aufträte, mit Feuer und Schwert ihr Ansehn von Gottes Gnaden zu behaupten. Einen solchen Zustand hat Ficker die Kühnheit als die rechte Entfaltung des „germanischen Staatsgedankens" zu preisen, wo ohne ertödtende Centralisation das Bild einer immer schützenden, niemals drückenden Kaisermacht sich über der Menge der freien Nationalitäten emporhebe. In Wahrheit ist es die Abwesenheit des Staatsgedankens, von welcher man hier reden muß, die Abwesenheit des zugleich bindenden und befreienden Princips, durch welches die Freiheit von der Anarchie, und die Einheit von der Unterdrückung gereinigt wird. Gewiß, Kaiser Leopold I. war persönlich viel gemüthlicher als sein Zeitgenosse der große Churfürst von Brandenburg, und Kaiser Karl VI. dachte nicht daran, seine Unterthanen zu fuchteln wie Friedrich Wilhelm I. von Preußen. Ohne Zweifel, in Oesterreich bekümmerte sich die Staatsgewalt damals sehr wenig um ihre Unterthanen im Guten wie im Schlimmen, in Preußen dirigirte sie dieselben auf dem Acker und im Comtoir, im Hause und auf der Reise, in der Schule und in der Kirche. Der moderne Staat begann in Preußen seine Laufbahn mit herrischer Rauhheit; es kam darauf an, in der allgemeinen Zerrüttung wieder einen festen Grund zu gewinnen, und die Ungebundenheit der Sonderinteressen ein für alle Mal unter die Herrschaft des Gesammtwohls zu beugen. Ich stabilire, schrieb der Preußenkönig, die souveraineté wie einen rocher de bronze. Wer ihn einen Despoten nennt, sagt das völlig Richtige, aber dieser Despotismus hatte kraft seiner Gesinnung die Aufgabe und den geschichtlichen Beruf, für die politische Freiheit die künftige Stätte zu bereiten. Die spätere Entwicklung hat dies auf das Schlagendste dargethan. Ueberall, in Preußen wie in den ähnlich organisirten deutschen Staaten, haben unter dem Schutze und der Leitung der neuen Monarchie die Rechtssicherheit der Personen, die Selbstverwaltung der Gemeinden, die Kraft der Volksvertretung einen stetigen Anschwung genommen. In Oesterreich dagegen ist bei aller Unthätigkeit und Schlaffheit der

Regierung der innere Krieg beinahe permanent, und die lückenhafte Verwaltung muß unaufhörlich zur Säbelherrschaft ihre Zuflucht nehmen. Unter Ferdinand wie unter Leopold II. erfüllt der Aufruhr die Hälfte der Kronlande; Joseph I. hat seine ganze Regierung hindurch mit den Ungarn Krieg zu führen; Joseph II. sieht die Zersprengung der Monarchie in nächster Nähe vor Augen; unter Franz II. entwickelt sich in stetem Fortschritt die ungarische und die italienische Revolution, welche die Regierung seines Nachfolgers zu Falle bringen sollte; und kaum hat heute die restaurirte Staatsgewalt die Militärdictatur aus der Hand gelegt, und einen Versuch der constitutionellen Verwaltung gemacht, so bricht die Abneigung ihrer Völker und die Tendenz des Auseinandergehens so gewaltig an das Licht, daß man schleunigst wieder in die Wege des feudalen Absolutismus zurücklenken muß. Es ist nur zu wahr, wir haben trotz der Reformen Maria Theresia's und Joseph II. einen wesentlich mittelalterlichen Staat vor Augen: aber was wir hier von den Früchten der mittelalterlichen Herrlichkeit erblicken, ist wenig geeignet uns zu bewundernder Huldigung zu verlocken. So tröstet sich Herr Ficker einstweilen mit der Zukunft: wenn es erst gelingt, sagt er, den österreichischen Staatsverband in verfassungsmäßiger Weise zu gestalten, dann wird Oesterreich in der alten Welt die einzige ächthistorische Staatenbildung sein, dann werden die andern deutschen Staaten sich ihm ohne Schaden angliedern, dann wird Mitteleuropa auf das Wesen und die Pracht des alten Kaiserreichs zurückgeleitet werden. Wenn es gelingt! Wenn Wölfe und Adler und Wallfische erst Ehebündniß und Gütergemeinschaft unter einander aufrichten, bann wird Friede und Freundschaft unter allem Gethier, der Himmel voll Geigen, die Erde voll Milch und Honig sein.

Die spätere Erfahrung hat also in jeder Weise bestätigt, was die Erscheinungen des 18. Jahrhunderts an sich selbst vermuthen lassen: es waren nicht die Wege der Freiheit und des Fortschritts, welche Oesterreich mit der Erneuerung der Kaiserpolitik einschlug. So viel ist vor Allem deutlich, daß Jegliches, was damals in Deutschland Lebenskraft und Zukunft besaß, sich außerhalb der abgestorbenen Reichsverfassung, außerhalb des Bodens der Kaiserpolitik befand. Die österreichische Monarchie, damals seit drei hundert Jahren von Deutschland politisch abgelöst, wurde zu Lessing's und Goethe's Zeit auch in ihrem innern Wesen Deutschland fremd. Diese Verhältnisse muß man sich vergegenwärtigen, um völlig zu verstehn, welche geschichtliche Begründung der „kleindeutsche" Gedanke hat, wie jede Verschmelzung Deutschlands und Oesterreichs ihrer beiderseitigen Vergangenheit und der Natur der Dinge in das Gesicht schlägt. Der Fall der Josephinischen Tendenzen in Wien war zugleich auch der tödtliche Schlag für das Vorwiegen deutschen Wesens in der österreichischen Monarchie. Joseph, der bei Ungarn und Belgien stets seine deutsche Kaiserwürde betonte, und für deutsche Aufklärung ebenso wie für preußische Administration schwärmte, Joseph hatte unaufhörlich auch nach der Erwerbung neuer deutscher Provinzen, Bayerns und schwäbischer Bezirke getrachtet, und alle seine Kronlande der Verwaltung deutscher Beamten und der Herrschaft der deutschen Sprache zu unterwerfen gesucht. Aber die Natur und die Tradition des complicirten Reiches vereitelte alle seine Bemühungen. Gleich nach seinem Tode kehrte man sich von dem deutschen Wesen gründlicher als jemals früher ab. Man verzichtete nicht bloß auf Bayern, sondern opferte auch Vorderösterreich und Belgien auf. Man räumte also die Posten, die man noch draußen im Reiche besessen, und nahm dafür seine breite Position auf italienischem Boden. Dies geschah, wie bekannt, in den Stürmen und Zuckungen des Revolutionskrieges; es war das österreichische Ergebniß einer Zeit, welche in Deutschland den großen Auferstehungsproceß der Nation vollendete, die unbrauchbaren Reste der alten Reichsverfassung hinwegfegte, und das Volk in allen seinen Theilen mit klarem Bewußtsein seiner nationalen Einheit erfüllte.

Allerdings die ersten Jahre des Revolutionskriegs zeigten auf deutscher Seite noch alle Züge des früheren Elends. Die Herrscher von Oesterreich und von Preußen folgten wie die kleinern Fürsten und Stände ein jeder seinem particularen Interesse; die

Bevölkerung wurde durchgängig von Friedenssehnsucht und materiellen Sorgen, oder höchstens von politischem Factionsgeiste bestimmt. Den besten Ruhm, so schien es, trug bei schwerem Mißlingen Oesterreich davon, welches in dem ersten Waffengange gegen Frankreich zwei Jahre länger als Preußen aushielt, und dann zweimal wieder auf dem Kriegsschauplatze erschien, ehe sich Preußen zum Verlassen seiner Neutralität entschloß. So lange die Motive dieses Handelns verborgen waren, hat es vielfach die Meinung erweckt, als hätte wenigstens dieses Mal Oesterreich sich als den vorzugsweise berufenen Wächter und Schirmer des Reiches bewährt: aber auch hier hat es nur der authentischen Kenntniß der Thatsachen bedurft, um sofort die alte und ächte Kaiserpolitik, das Wirken nicht für, sondern neben oder über Deutschland wieder an den Tag zu bringen. In Wahrheit war der Hergang folgender. Obgleich die französische Kriegserklärung 1792 nicht gegen Deutschland, sondern allein gegen den König von Ungarn und Böhmen gerichtet war, so trat doch Preußen ohne Zaudern mit voller Kraft an Oesterreichs Seite, und die beiden Mächte kamen in dieser Waffenbrüderschaft überein, Kaiser Franz wolle es genehmigen, daß der König eine polnische Provinz, dieser, daß der Kaiser Bayern erwerbe. Als hierauf aber Preußen Besitz von Posen ergriff, erfolgte unter nichtigen Vorwänden von kaiserlicher Seite ein Protest, und als im folgenden Jahre der Aufstand der Polen dem Könige Veranlassung gab, sich dort weiter auszudehnen und Krakau zu besetzen, da schloß Oesterreich, um ein solches Wachsthum seines Alliirten ein für alle Male zu hindern, mit Rußland eine Offensivallianz auf Demüthigung Preußens, Besitznahme Venetiens und Theilung der Türkei. Am Rheine kämpften damals österreichische und preußische Bataillone neben einander gegen die Revolution; an der Weichsel drängte der Kaiser auf das Lebhafteste zu einem österreichisch-russischen Kriege gegen Preußen. Ein solches Verhältniß konnte, wie auf der Hand liegt, nicht dauern: Preußen trat von dem französischen Kriege zurück — und darüber sich jetzt noch zu wundern oder seine Entrüstung gegen Berlin statt gegen Wien zu kehren, dazu ist außer der Logik des Hrn. Ficker höchstens noch vielleicht die Staatskunst der Allgemeinen Zeitung befähigt. Noch mehr. Preußen schied nothgedrungen, zu bitterem Leidwesen seines Königs aus dem Kampfe aus, mit andern Worten, es ließ die kriegführenden Armeen in den Stellungen, welche sie damals inne hatten, die Franzosen auf dem linken, die Kaiserlichen auf dem rechten Rheinufer, und da man wenig Aussicht hatte, daß das Reich ohne Preußen die Franzosen verjagen könnte oder daß Oesterreich ohne Preußen sie verjagen wollte, so bedang sich der König eine Entschädigung für seine linksrheinischen Provinzen aus, falls nämlich überhaupt im künftigen Frieden das Reich das linke Rheinufer abträte. Daß er selbst gegen die Abtretung sei, erklärte er den Franzosen auf das Bestimmteste, und unaufhörlich war seine Gesandschaft in Paris bemüht, die dortige gemäßigte Partei zu unterstützen und die Integrität des Reiches zur Anerkennung zu bringen. Aber was ließ sich hier erreichen, wenn ebenso eifrig die österreichischen Agenten in Paris verkündeten, daß der Kaiser zur Abtretung des linken Rheinufers bereit sei, sobald man nur ihm Bayern überlasse? Auf dieser Grundlage abzuschließen, war Oesterreich jeden Tag bereit, und einzig deshalb kam es nicht sofort zum Frieden, weil Frankreich außerdem auch die Abtretung von Mailand ohne anderweitige Entschädigung begehrte. So kämpfte man noch anderthalb Jahre, und kaum hatte Bonaparte das ersehnte Wort gesprochen, und dem Kaiser für Mailand ein reiches Aequivalent, nämlich Venetien angeboten, so griff man in Wien mit Eifer zu, und sprach die definitive Abtretung des linken Rheinufers aus. Es war der dritte Act zu den Vorgängen des Rastadter und des Wiener Friedens. Weil einst der kaiserliche Hof zu Neapel auch Sicilien begehrte, mußte Deutschland auf Straßburg verzichten. Damit er dann für Neapel Toscana erwerben könne, mußte Deutschland Lothringen einbüßen. Als man ihm endlich Venetien anbot, war er bereit das linke Rheinufer abzutreten.

Wir wiederholen es: was Tugendhaftigkeit, Idealität und deutschen Patriotismus betrifft, so war damals kein erheblicher Unterschied zwischen der Berliner und der Wiener Regierung [1]). Aber

---

[1]) Die Regierung im Ganzen hier und dort in Vergleich gesetzt. Faßt man

um so schneidender tritt der Contrast der permanenten Staatsinter-
essen hier und dort hervor. Bei gleicher Moralität und gleichem Par-
ticularismus der leitenden Minister, bei gleichem Maaße sonstiger
Entschädigung für den eignen Staat, erschien Preußen die Abtretung
des linken Rheinufers als schwerer Verlust und konnte Oesterreich
leichten Herzens sie bewilligen. Es war stets das gleiche, stets
das alte Verhältniß; während Preußen wie alle andere Territorien
Theil des Reiches war, stand Oesterreich, damals wie dreihundert
Jahre vorher, nur scheinbar in, in Wahrheit neben Deutschland.
Es hatte seine eigenen für das Reich ausländischen Interessen, welche
völlig überwiegend seine Politik bestimmten: so lange es in seiner
großen und bunten Zusammensetzung besteht, sollte kein verständiger
Mensch erwarten, oder kein billiger Beurtheiler ihm zumuthen,
daß es den eigenen Vortheil dem deutschen, der wieder ihm ein
fremder ist, unterordnet.

Wie hier bei dem Eintritt in die Revolutionszeit erscheint
das Verhältniß bei dem Schlusse derselben. Durch die fremde
Unterdrückung war vollendet worden, was im vorigen Jahrhundert
die Reform der innern Verwaltung und der Aufschwung der
classischen Litteratur angebahnt hatte: das nationale Bewußtsein,
das Gefühl der Zusammengehörigkeit, der Trieb zur Einheit schlug
seine hohen Wogen in allen Herzen des deutschen Volkes. Den
übrigen Staaten voran erhob im Frühling 1813 Preußen, gleich
sehr im Sinne der äußeren Selbstständigkeit und der innern Ent-
fesselung, das Banner des deutschen Freiheitskrieges. In Wien
aber wehte eine andere Luft. So weit gingen auch dieses Mal
die Interessen Oesterreichs und Deutschlands parallel, daß Kaiser
Franz und Metternich eine gelinde Correction des napoleonischen
Uebermuthes, eine mäßige Herstellung Preußens, eine stattliche
Ausbesserung der eigenen Verluste von Herzen wünschten. Aber
so wenig waren auch hier die Interessen Oesterreichs und Deutschlands identisch, daß gerade der populäre und nationale Schwung,

nur die Persönlichkeit der Monarchen in das Auge, so wäre es höchst ungerecht,
die beiden preußischen Könige jener Zeit mit Franz II. auf gleiche Linie
zu stellen.

welcher die preußische Rüstung durchglühte, in Wien auf das Gründlichste abstieß. Die österreichische Regierung dachte an das europäische Gleichgewicht, aber war entrüstet über das Proclamiren einer deutschen Nation. Aeußerst widerwillig und langsam trat sie deshalb der Krisis näher, und gab endlich das Ultimatum, daß sie den Krieg erklären würde, wenn Napoleon sich nicht mit dem Besitz Italiens, der Rheinlande, Westfalens und Belgiens begnügte, daß sie aber auf diese Bedingungen mit ihm zu vertragen und einen solchen Frieden den Verbündeten aufzuzwingen entschlossen sei Oesterreich hätte dann Illyrien und einen polnischen Bezirk, Preußen einige Stärkung an der Elbe und der Weichsel davongetragen, Deutschland aber im Westen der Elbe wäre unbestrittene Domäne französischen Einflusses geblieben. Zum Heile unseres Vaterlandes wies Napoleons Uebermuth diese Bedingungen zurück: Oesterreichs Haltung aber blieb dieselbe, Schritt auf Schritt den Krieg hindurch. Metternich beeilte sich, durch volle Anerkennung der Rheinbundstaaten jede wirkliche Reichsverfassung für die Zukunft nach Kräften unmöglich zu machen: er drang in Napoleon, einen Frieden mit möglichst geringen Opfern zu schließen, ehe die preußischen Jacobiner ganz Deutschland umgewälzt hätten. Wie jetzt urkundlich ermittelt worden, kam es 1814 so weit, daß Franz und Metternich unaufhörlich die Kriegsoperationen lähmten und endlich den Beschluß zum Rückzuge aus Frankreich durchsetzten: Napoleon hätte den Platz behauptet, wenn nicht die Eigenmächtigkeit Kaiser Alexanders, Steins und Blüchers die Armeen auf der Siegeslaufbahn festgehalten hätten.

So finden wir vom Westfälischen Frieden bis zum Wiener Congresse ausnahmlos dasselbe Ergebniß. Allerdings nicht Ein großer Conflict, nicht Ein erheblicher Krieg, wo Oesterreich ohne Deutschland, oder Deutschland ohne Oesterreich in Action gewesen wäre. Aber auch nicht Eine wichtige Verwicklung, wo neben der nahen Verbindung nicht die tiefe Verschiedenheit der beiderseitigen Interessen sich geltend gemacht hätte. Und endlich nicht Ein folgenreicher Frieden, bei welchem das zersplitterte und schwach vertretene Reich nicht die Kosten für Oesterreichs Gewinn oder Entschädigung hätte tragen müssen. So war es 1675 und 1679, so blieb es 1714 und 1737, so wiederholte es sich 1797 und 1813. Was läßt sich daraus schließen?

Es gibt eine bedeutende Partei in Deutschland, welche die Ursache aller bisherigen Uebelstände darin sieht, daß das Band zwischen Oesterreich und Deutschland nicht enge genug gewesen. Sie meint, wir seien der österreichischen Hülfe und Stütze dann unbedingt sicher, wenn wir selbst nur uns unbedingt an Oesterreich anschlössen. In solchem Sinne insinuirt auch Ficker, es komme einzig darauf an, die alte Kaisermacht durch Unterordnung der deutschen Staaten unter Oesterreich zu erneuern.

Aber wird man, die historische Entwicklung dreier Jahrhunderte vor Augen, behaupten können, daß ein solches Streben der überlieferten Richtung der Dinge entspreche? Seit vierhundert Jahren steht dieses Oesterreich außerhalb des Reichs, seit zweihundert hat es sich zu einer buntcomponirten, aber scharf ausgeprägten, individuell entwickelten Großmacht erhoben. Wie nun? Glaubt man, seine Regierung würde bei dem Anschluß der deutschen Staaten sich beeilen, ihren alten erbländischen Bestand aufzulösen, ihre politische Tradition, dieses eigenthümliche Gewebe aus deutschen, ungarischen, slavischen, italischen Fäden abzureißen, den Schwerpunkt ihres Wirkens von Wien und Pesth nach Frankfurt zu verlegen? Oder wäre man bereit, von deutscher Seite, um der auswärtigen Macht willen, vollständig in jene Kreise einzutreten, und kurz und gut zur österreichischen Provinz zu werden? Das Letztere wünscht sich westlich vom Inn keine Seele, das Erstere könnte nur ein Träumer hoffen. Dieses mitteleuropäische Reich, welches durch die Verschmelzung Deutschlands und Oesterreichs zu Stande käme, wäre mithin nichts anderes als ein Abklatsch des alten Kaiserthums im schlechtesten Style: scheinbar eine Weltmacht von siebenzig Millionen, nach seiner innern Consistenz aber so locker und ungefügig, wie die Monarchie der Hohenstaufen und das Reich der Habsburger, und vermöge der Politik seiner Centralgewalt ebenso wenig deutsch wie das Regiment Kaiser Friedrich II., und freilich auch nicht slavisch oder magyarisch, sondern lothringisch, kaiserlich, universalistisch. Sollte bei einem solchen Systeme das deutsche Wesen nicht mit völliger Vermischung und Plattirung bedroht werden, so müßte nicht die Menge der deutschen Theilstaaten sich dem Einheitsstaate Oesterreich anschließen, sondern umgekehrt das geeinigte Deutschland die einzelnen Provinzen Oesterreichs in sich aufnehmen — und nun frage man in Wien bei Volk oder Regierung an, ob dort irgend jemand auf diese Bedingung das Siebenzig-Millionen-Reich verwirklicht sehn möchte. Bleibt aber Oesterreich als Ganzes bestehn, so würde ein engerer Anschluß Deutschlands für dieses nur die Erneuerung des alten Verhältnisses bedeuten: wir würden wie im 17. und 18. Jahrhundert auf's Neue die Ehre haben, dienendes Material für die specifisch-österreichischen Zwecke zu werden.

Oder sollten wir nun die äußerste Consequenz dieser Sätze ziehn? sollten wir, damit eine Vereinigung aller Lande zwischen der französischen und russischen Grenze im deutschen Sinne möglich werde, die Sprengung der österreichischen Monarchie für wünschenswerth erklären? Es gibt in und außer Deutschland eine Menge tüchtiger Patrioten, liberaler Politiker und ehrgeiziger Staatsmänner, welche dieser Ueberzeugung leben, und von ihrer Durchführung das Heil der deutschen und der europäischen Zukunft erwarten.

Aber die geschichtliche Auffassung wird ihnen, wie uns scheint, ebenso wenig wie den Anhängern des Siebenzig-Millionen-Reiches zustimmen können. Sie wird trotz aller Schwierigkeiten und Inconvenienzen des vorhandenen Zustandes sich das Gewicht der Thatsache nicht verbergen, daß die Wurzeln desselben durch vier Jahrhunderte reichen, daß unermeßliche Interessen damit verwachsen sind, daß ein säculares Dasein solchen Umfangs an sich selbst den Beweis einer großen Berechtigung enthält. Mag man beklagen, was im 14. und 15. und 18. Jahrhundert geschehn, mag man bedauern, daß damals Oesterreich sich mit Ungarn und Italien näher als mit Deutschland verflochten hat: es ist einmal vollzogen, und seit dreihundert Jahren der gesammte Zustand des Ostens in diese Wege gelenkt worden. Diese Monarchie hat fort und fort die schwersten Krisen durchgemacht, die Religionskämpfe, die türkischen Invasionen, die bayerisch-preußischen Angriffe, die ungarischen Revolutionen, die wiederholten Staatsbankerotte, sie hat Alles überdauert, weil ihre Bestandtheile zwar disparat und widerhaarig, aber durch große Interessen ganz unabweislich auf einander angewiesen sind. Auch heute steht Oesterreich in einer solchen Krisis: alle denkbaren Gefahren, Insolvenz und Kriegsstand, Revolution und Herrscherwechsel dünken uns möglich, ja wahrscheinlich zu sein, nur das Eine nicht, eine völlige und bleibende Auflösung der Monarchie. Sollte sie dennoch eintreten, so wäre es der colossalste Bruch mit der Vergangenheit und der Eintritt in eine völlig unberechenbare Zukunft: eine Zukunft, in der nichts gewiß wäre als Sturm und Gefahr, und keine politische Richtschnur denkbar als die Vorschrift zu waffnen und zu schlagen Ein Glück für Wohlstand, Bildung und Freiheit wäre die Eröffnung eines solchen Zeitalters sicher nicht.

So kommen wir mit jeder Betrachtung auf dasselbe Ergebniß: Oesterreich steht außer Deutschland, aber es gehört zu Deutschland. Wir dürfen nicht die Zerstörung Oesterreichs oder völlige Abtrennung von demselben, aber wir müssen unsere innere Selbstständigkeit und das Ende der bisherigen Ausbeutung zu Oesterreichs Specialzwecken begehren. Das Verhältniß, welches seit vierhundert Jahren bestanden und durch eine solche Dauer tiefe Festigkeit gewonnen hat, kann nicht willkürlich zerrissen, aber es muß nach den heutigen Bedürfnissen, es muß nach Recht und Billigkeit, es muß nach der Ehre der deutschen Nation geläutert werden. Innerhalb dieser Linien muß sich die Form unserer künftigen Verfassung vollenden, wenn sie geschichtliche Grundlage, und damit Lebenskraft für die Zukunft haben soll. Deutschland bedarf in sich selbst, im engern Bunde neben Oesterreich, einer kräftigern Organisation für Heer und Marine, Diplomatie und große Verkehrsverhältnisse, aber es bedarf nicht weniger die Fortdauer des weitern Bundes mit Oesterreich zur gemeinsamen Vertheidigung gegen Außen unter größter Steigerung der wechselseitigen Handels- und Culturbeziehungen. Wer das Eine oder wer das Andere verneint, setzt sich in Widerspruch mit unserer Geschichte, mit unseren Interessen, mit der Natur der Dinge.

Wer Oesterreich in den engern Bund hineinnehmen will, negirt entweder jede wirkliche Bundesgewalt, oder er proclamirt die Fortsetzung des alten unwürdigen Verhältnisses, der völligen Dienstbarkeit Deutschlands. Der erste Fall tritt nothwendig ein, wenn Preußen oder ein ansehnlicher Theil der deutschen Staaten sich der kaiserlichen Leitung nicht unbedingt fügen will: dann stockt die Bundesmaschine sofort und vollständig, und man muß sich freuen, wenn sie eben nur so viel leistet, wie nach unserer Auffassung der weitere Bund, gemeinsame Vertheidigung gegen Außen. Lassen sich aber die deutschen Staaten unbedingt auf Oesterreichs Gesichtspunkte ein, so ist der zweite Fall nicht weniger gewiß vorhanden, die Lenkung unserer Geschicke nicht nach deutschen, sondern nach österreichischen Gesichtspunkten, d. h. nach einem Systeme, in dem zwar auch deutsche, aber noch mehr slavische, ungarische, italienische, und noch weit mehr dynastische und kirchliche Interessen ihre Rolle spielen. Dann ist der deutsche Bund für die deutschen Staaten nichts Anderes als eine gelinde Form der Fremdherrschaft, denn er wird von einer Macht präsidirt, welche ihrerseits den Bundesgesetzen nicht weiter gehorcht, als ihre Convenienz und ihre außerdeutschen Interessen es gestatten, welche aber unaufhörlich den Anspruch erhebt, daß Deutschland in seinem innersten Leben sich nach jenen ungarischen, italienischen, slavischen Bedürfnissen richte. Wir haben diese Erfahrung von 1815 bis zur Gegenwart gemacht. Fürst Metternich war der Meinung, daß freie Presse und constitutionelle Staatsform bei der eigenthümlichen Zusammensetzung Oesterreichs dort nicht zulässig seien; deshalb mußte, um das böse Beispiel und die Gefahr der Ansteckung zu vermeiden, Deutschland dreißig Jahre lang in seinem Verfassungsleben zurückgehalten werden. Fürst Schwarzenberg bedurfte der russischen Allianz, um die ungarischen Rebellen niederzuwerfen; deshalb, um das Wohlwollen des Czaren sicher zu erwerben, zog ein österreichisches Executionsheer den Dänen gegen Holstein zu Hülfe. Immer nach denselben Gesichtspunkten ließ trotz aller Bundes- und Verfassungsgesetze Oesterreich allen reactionären Widersachern des legalen Zustandes, den Wittgenstein und Kampz, den Berstett und Schele, wie noch in unsern Tagen den Gerlach und Stahl, den Hassenpflug und Borries seinen starken Arm. Welche Fremdherrschaft hätte uns Schlimmeres zufügen können? Im deutschen Süden, wo man nach der Sympathie des Blutes, der Religion, der Sitten sich gegen jede Abwendung von Oesterreich sträubt, möge man sich über dies Verhältniß nicht täuschen. So lange der österreichische Gesammtstaat existirt, kann es sich nicht ändern, denn keine große Macht vermag gegen die Bedingungen ihrer Existenz zu sündigen: wer Ungarn und Polen, Ruthenen und Croaten, Serben und Czechen beherrscht, kann nicht ausschließlich deutsche Politik treiben. Und nicht minder unumstößlich ist das Zweite, daß im deutschen Norden, wo jene Sympathien weniger energisch wirken, der Entschluß unwiderruflich ist, der schimpflichen Abhängigkeit der alten Zeit ein Ende um jeden Preis zu machen. Die Abneigung gegen Alles, was den österreichischen Namen trägt, ist dort, im Gedanken an Carlsbader und Wiener Beschlüsse, an Bronzell und Olmütz, gewaltig, und wir meinen, daß man das Gewicht und die Schädlichkeit derselben erst 1859 in Wien auf das Tiefste empfunden haben müßte. Der treffliche preußische Fürst, welcher für Oesterreich einzuschreiten im Begriffe war und nur durch Villafranca aus der Action zurückgerufen wurde, hätte bei wirklichem Kampfe die größten Schwierigkeiten im eignen Lande gefunden, und bei jedem ähnlichen Falle in der Zukunft würde diese Schwierigkeit sich in verstärktem Maaße erneuern. Mag man darüber zürnen oder jauchzen, es ist so. So lange Oesterreich zugleich im engern und im weitern Bunde steht, wird der Widerwillen von zwanzig und mehr Millionen Deutschen den ersten Zweck des Bundes, die gemeinsame Vertheidigung gegen Außen, lähmen oder völlig vereiteln. Wer die Einheit Deutschlands und wer die Unterstützung Oesterreichs wünscht, muß nach der Constituirung eines engern deutschen Vereines neben Oesterreich trachten.

Auf der andern Seite sollte man in Norddeutschland nicht übersehn, daß eine solche Vereinigung schlechterdings nur dann zu erreichen ist, wenn sie sich innerhalb des alten Bundes vollzieht, wenn sie nicht die Trennung sondern die Läuterung und Festigung unserer Allianz mit Oesterreich zum Zwecke hat. Es sind auch hier zwei Momente, welche mit entscheidendem Nachdruck in Betracht kommen. Die Stellung, welche Deutschland in Europa einnimmt, beruht auf den Verträgen von 1815, unter welche die Bundesacte aufgenommen ist. Die formelle Sprengung der letztern würde uns den Rechtstitel entziehn, mit dem wir Luxemburg und Limburg, Holstein und Holsteins Ansprüche auf Schleswig behaupten; sie würde umgekehrt den europäischen Mächten formellen Anlaß zu jeder Einmischung in unsere Angelegenheiten gewähren. Sobann aber, und dies schlagen wir noch höher an, würde der deutsche Süden jede Einigung unerbittlich von der Hand weisen, welche eine gegen Oesterreich feindselige Tendenz in sich schlösse, welche bei unserer inneren Emancipation nicht sofort auch die Bewahrung und Kräftigung unserer völkerrechtlichen Allianz mit Oesterreich betonte. Ebenso stark wie die Sympathie mit dem österreichischen Volkscharakter ist dort die Antipathie gegen das selbstbewußte Auftreten der Preußen; und so sehr bei der Masse der Bevölkerung jetzt der nationale und unitarische Trieb den particularistischen überwiegt, so sicher würde der letztere die Oberhand behalten, wenn die Constituirung des engern Bundes die feste Bundesfreundschaft mit Oesterreich zerrisse oder auf den Gebieten der innern Verwaltung, der Rechtspflege und Polizei, der Schule und Kirche die Bevölkerung mit preußischer Bevormundung bedrohte. Man möge es loben oder beklagen, es ist so. Wer das Deutschland, wie es sich seit dem 15. Jahrhundert abgegrenzt und seit dem 18. mit nationaler Bildung erfüllt hat, nach Außen wehrhaft und geschlossen constituiren will, muß im Innern die Selbstständigkeit der Territorien achten, und als ersten Grundsatz der auswärtigen Politik die unauflösliche Allianz mit Oesterreich bekennen.

Auch dann wird das Unternehmen mit Schwierigkeiten und Gefahren in Fülle zu kämpfen haben. Es wird in der Zeit des Ueberganges mehr als einmal nöthig sein, der österreichischen Re=

gierung vollen Ernst und scharfe Entschlossenheit zu zeigen, und in Wien um jeden Preis die Ueberzeugung zu erwecken, daß zwar unsere engere Constituirung die festeste Bundesfreundschaft zum Zwecke hat, daß wir aber auch kein Mittel der Ueberredung, der Diplomatie und, im schlimmsten Falle, der Waffengewalt scheuen werden, um die Constituirung zu erlangen.

Dann aber ist es sicher, daß wir das Ziel erreichen. Denn wir dienen dann einem Streben, welches von der strömenden Kraft der Jahrhunderte getragen wird, und einer Entwicklung von zehn Menschenaltern den rechtlichen Ausdruck und Abschluß gibt. Wer die Geschichte für sich hat, ist der Zukunft sicher; er hilft das ächte Leben seines Volkes fördern, und des Volkes ächte Sache ist Gottes Sache.